1891

e

s

In einem Landstädtchen an der Rems, in Schorndorf, dem Geburtsort Daimlers und Palms, ist der Erzähler aufgewachsen. Das ehemals herzogliche Jagdschloß beherbergte damals, zu Beginn des Jahrhunderts, das Forstamt Hohengehren und die weitläufige Dienstwohnung des Oberförsters. Haus, Hof und Garten und die kleine Stadt mit ihren Originalen, mit aufstrebenden Handwerksbetrieben und Fabriken, mit den ersten Autos, dem ersten Kino und viel Sportmöglichkeiten boten den Försterssöhnen und ihren Freunden ein weites Feld für den jugendlichen Tatendrang. Der Autor erzählt Charakteristisches aus der ›wilhelminischen‹ Ära, deren Schwächen er deutlich beim Namen nennt. Besonders eindrucksvoll schildert er – der die evangelisch-theologischen Seminare in Maulbronn und Blaubeuren besuchte und später Philologie studierte – das Schulwesen und seine autoritären Auswüchse, ergötzliche Erlebnisse mit der Polizei und die Erfahrungen eines Pfarrers: Anekdoten aus der Amtszeit seines Großvaters. Der Bericht reicht bis 1919, als aus dem Königreich Württemberg ein Freistaat wurde.

Was diese Erinnerungen auszeichnet, sind Lebendigkeit, Treffsicherheit und Humor.

ROBERT KIESER

Im Jagdschloß an der Rems

Aus meinen Jugendjahren

EUGEN SALZER-VERLAG HEILBRONN

SALZERS VOLKSBÜCHER 173/174

2. Auflage / 1974

Einbandgestaltung: Lilo Rasch-Nägele
Satz und Druck: Offizin Chr. Scheufele Stuttgart
Printed in Germany. ISBN 3 7936 0528 0

1

Das Volk der alten Römer hatte nach der Überlieferung sehr männliche Männer. Die guten Eigenschaften des Menschen waren für sie deshalb ›Mannes-Tugenden‹. Und wenn eine Frau gepriesen wurde, dann wiederum wegen ihrer männlichen Tugenden. Ja, die römischen Männer gingen in ihrer Selbstüberschätzung so weit, daß es für sie nur eine ›Vatersprache‹ gab.

Da sind wir vielgeschmähten Deutschen doch gerechter und vielleicht auch galanter. Wir wissen, daß sich die Mutter um den kleinen Erdenbürger weit mehr kümmert als der Vater und daß sein Grundwortschatz von der Mutter stammt. Wenn wir Männer also von der ›Muttersprache‹ reden, ist das nichts anderes als ein Eingeständnis des Tatsächlichen.

Nur geben sich viele der Meinung hin, unsere Muttersprache sei das Hochdeutsche oder gar das Bühnendeutsche. Das stimmt natürlich in den wenigsten Fällen und auch dann meistens nur annähernd. Wie eine Mutter mit ihrem Kind gesprochen hat, genau so ist seine Muttersprache. Ob sie jemand gefällt, hat dabei keinerlei Bedeutung.

Da aber wir Schwaben bis in die ›obersten‹ Schichten hinauf unserer schwäbischen Muttersprache frönen, ist für uns das reglementierte Hochdeutsche die erste Fremdsprache, die wir lernen müssen.

Es gibt freilich Philologen, die mit schnödem Lächeln auf alles herabsehen, was sich aus dem Urschwäbischen in milderen Formen entwickelt hat. Sie pflegen es dann als ›Honoratiorenschwäbisch‹ abzuwerten. Doch die Mütter, die diese ›denaturierte‹ schwäbische Mundart gebrauchen, berührt solch philologisches Stirnrunzeln überhaupt nicht. Sie sprechen eben, wie sie's von ihren Müttern gelernt haben. Das ist also ihre Muttersprache, und sie hat als solche den selben Wert wie jede andere. Außerdem ist der Übergang zur Hochsprache vom Urschwäbischen her für die kleinen Abc-Schützen nicht so ganz einfach. Vom ›Fuiersai‹ ist der Weg zum hochdeutschen ›Feuersee‹ offensichtlich viel weiter als vom sanft schwäbischen ›Feiersee‹.

Das erkannte auch mein Vater, der seit der Mitte der neunziger Jahre das Forstrevier Hohengehren verwaltete. Dieses dehnte sich über einen guten Teil des Schurwaldes aus bis zum Weinort Schnait und hatte ursprünglich seinen Sitz in Hohengehren selbst.

Meine Eltern lebten gern auf dem Land unter den Bauern und bedauerten es deshalb sehr, als ein Erlaß der Stuttgarter Forstverwaltung die Verlegung des Forstamts Hohengehren nach Schorndorf verfügte – bis mein Vater eines Tages beobachtete, wie seine Tochter, das Gretchen, damals sieben Jahre alt, vor dem Schurwald-Forsthaus einer Freundin einen zweiten Apfel anbot mit den Worten: »Derscht au zwoie hau!« (Du darfst auch zwei haben!) Da meinte er, es sei wohl doch gut, wenn die Kinder in der Stadt aufwachsen, wo man ein gemäßigteres Schwäbisch spreche.

Sechs Wochen vor dem Umzug – es war im März 1902 – erblickte ich selbst als zweiter Sohn das sogenannte Licht der Welt, und da ich achteinhalb Pfund wog,

zogen die Familienplaner, mit dem Erreichten zufrieden, einen Schlußstrich unter dieses gewichtige Ergebnis.
An einem schönen Maientag packte man mich samt dem Gretchen und dem fünfjährigen Otto in eine Kutsche. Auf dem Bock saß der Hirschwirt Emil Haug, der kurz zuvor stolzer Vater einer kleinen Tochter geworden war.
So kam ich schon bald nach meiner Geburt herunter, wenn auch nur ins Remstal.

2

Es klingt geradezu pompös, wenn einer erzählt, er sei in einem Schloß aufgewachsen. Aber die Dienstwohnung meines Vaters im Schorndorfer Jagdschloß, das im sechzehnten Jahrhundert unter Herzog Christoph erbaut worden war – etwa zwanzig Jahre nach der Zitadelle mit ihren vier dicken Ecktürmen –, brachte meiner Mutter eine Menge Arbeit; zuviel Arbeit, auch mit einem Dienstmädchen zusammen.
Abgesehen von drei großen Kammern waren da fünf große und vier kleinere Wohnräume sauberzuhalten und dazu zwei große Kanzleizimmer außerhalb der Wohnungstür. Die Reinigung des langen und breiten Flurs mit seinem rauhen Sandsteinboden erforderte besondere Mühe.
Die herzoglichen Baumeister hatten fast alle Wohnzimmer sinnigerweise auf die Nordseite verlegt. Die Wärme der Wasseralfinger Öfen strömte im Winter

sofort in die Höhe und hielt sich mit sturer Bosheit in der oberen Hälfte der hohen Räume. Wer von den Erwachsenen stand, hatte einen heißen Kopf, in der Mitte war er richtig temperiert, unten aber fror er, zumal der Boden fußkalt war. Denn nur in Manöverzeiten waren die Stallungen unter dem bewohnten Stockwerk von Pferden bevölkert.

Doch für uns Kinder war das Schloß mit seinem großen Keller und drei Dachböden, in denen unsere Eltern Schaukeln anbringen ließen, ein richtiges Paradies.

Am Eingang zum Kellergewölbe hing eine weiße Tafel mit dem Kellerrecht. Wer dagegen verstoße, las man dort, müsse es büßen, ›wenn die Haut auch noch so zart und der Hintern gläsern wäre‹.

Wir Buben nahmen es trotzdem nicht so genau. Wer den Mostkrug im Keller füllte, mußte zunächst das Gummischläuchle ins Faß eintauchen und dann kräftig saugen. Es kam natürlich vor, daß man ein paarmal tüchtig schluckte, weil man das Schläuchle nicht rasch genug vom Mund wegbrachte. Uns Kindern war jeglicher Alkoholgenuß mit Recht streng untersagt, und so blieb ein Gang in den Keller stets begehrenswert. Unsere Dienstmädchen schieden als Konkurrentinnen sowieso aus, denn sie fürchteten sich vor den Ratten.

Da aber der innerlich gesunde Mensch schon in seiner Jugend nach Höherem strebt, hatten wir Buben bald herausgefunden, daß man sich mit einigem Geschick an einer besonderen Stelle über ein weniger steiles Vordächle zum Hauptdach schieben und dann einer Firstziegelreihe entlang nach oben halftern konnte, bis man schließlich stolz auf dem hohen Dachgiebel thronte. Ein herrlicherer Platz, um fremde Vokabeln zu lernen und Vögel zu beobachten, ließ sich kaum vorstellen.

Die alten Damen des gegenüberliegenden Marienstifts, denen diese ziemlich ungefährlichen Kletterpartien gar nicht gefielen, beklagten sich eines Tages bei unserem Vater. Die Antwort fiel freundlich, aber kurz aus. Dagegen gebe es ein ausgezeichnetes Mittel: »Net nagucka!« (Nicht hinsehen!)

Zur Dienstwohnung gehörte noch die Nutznießung zweier Gärten – selbstverständlich gegen entsprechenden Abzug vom Gehalt meines Vaters. Um den außerhalb des ehemaligen Mauerrings liegenden ›oberen‹ Garten kümmerten wir Kinder uns nur im Herbst, bis das Brechobst eingelagert war. Das Mostobst schafften wir zum Küfer Brenzinger und staunten jedesmal, wie er die schwersten Säcke scheinbar mühelos emporstemmte und in einen Bottich leerte.
Über den großen Garten beim Haus, der nur teilweise und in abgetrennten Bezirken Gemüseland war, würde ein moderner Gartenbauarchitekt wohl verächtlich lächeln. Aber schon Immanuel Kant wußte, daß schön ist, was gefällt. Für uns jedenfalls war er ein Eldorado mit seinen verschlungenen Wegen, seinen lauschigen Lauben, den erlesenen Obstbäumen, den Holunder- und Haselnußbüschen, den Stachelbeeren und den vielfarbigen Träuble (Johannisbeeren). Dazwischen fand sich immer noch genügend Platz für Blumen aller Art. Mit den Schneeglöckchen setzte das Blühen ein und hörte erst mit den Herbstastern auf.
Hinter dem Waschhäusle, das an den Garten grenzte, war eine Rabatte mit Zittergras eingepflanzt. An einem lichten Morgen kurvte ich kleiner Wicht, kaum vier Jahre alt, wie so oft durch die Gartenwege, hielt aber jäh vor einer wundersamen Erscheinung: Hunderte von

Tautröpfchen hingen an den feinen Verästelungen der Zittergräser, fingen das Licht der Sonne auf und strahlten es zurück als bunten Farbenrausch. Hingerissen stand ich davor.

Das mußte auch meine Mutter sehen! Rasch lief ich in die Wohnung hinauf.

Aber die Gute war immer sehr beschäftigt. So verging geraume Zeit, bis sie mit mir in den Garten eilte. Fassungslos starrte ich auf die Rabatte: Keine glitzernden Tropfen mehr, kein leuchtendes Farbenspiel . . .

Diese plötzliche Vernichtung des Schönen schien mir unbegreiflich, und ich konnte das Erlebnis nie ganz vergessen. Damals wußte ich noch nicht, daß Apoll auch töten kann.

Neben dem Schlafgemach der Eltern war das geräumige Wohnzimmer. Es beherbergte außer den üblichen Möbeln ein Tafelklavier. Unsere jungen Gemüter aber zogen hier vor allem zwei große Schubladen an. Die eine, in einen Nähmaschinen-›Tritt‹ geschoben, enthielt unsere kleineren Spielsachen. In der anderen, die man aus einer Kommode ziehen konnte, befand sich alles, was man brauchte, um eine Schrotpatrone herzustellen. Abends durften wir dann und wann zusehen, wie unser Vater seine verschiedenartigen Patronen füllte. Daran schloß sich allerdings immer die strenge Mahnung, diese Dinge nie anzurühren.

Wir beherrschten uns auch im allgemeinen, aber von den Reh- oder Sauposten, den dicksten Schrotkugeln, die einen Durchmesser von mehr als einem halben Zentimeter hatten, ließen wir Lausbuben doch nicht ganz die Finger. Denn als Munition für unsere selbstgebastelten – wenn auch verbotenen – Gummischleudern

eigneten sie sich bestens. Man konnte mit ihnen überraschende Erfolge buchen.
Diese Erfahrung machte einmal mein Bruder, als er sich, wie so oft, mit einem der Dekansbuben im Dekanatsgarten herumtrieb. Nach hinten schloß sich an diesen ein etwas angewittertes, zweckbedingtes Häuschen, dessen kleines Fenster sich mit einem Ölpapier begnügte.
Die beiden Freunde schossen eine Zeitlang mit Kieselsteinen auf eine Blechbüchse. Ohne befriedigende Wirkung. Da behauptete mein Bruder, mit einem Rehposten – und er habe einen in der Tasche – treffe er das besagte Fenster auf zwanzig Meter Entfernung. Ein Löchle im Ölpapier schade ja nichts. So zog er die Schleuder lang und schoß. Der Erfolg war durchschlagend: Aus dem Innern des Häuschens erscholl alsbald lautes Wehgeschrei. Wütend stürzte ein Mann heraus. Mit der einen Hand hielt er seine heruntergelassene Hose fest, mit der andern rieb er sein linkes Ohr. Die beiden Missetäter, der aktive und der passive, standen wie versteinert da. Der von einem Streifschuß Getroffene schrie aber voll bitteren Grolls: »Nadierlich wieder die Dekansbueba! Also do predigt dr Vadder am Sonntag von der Liebe. Ond no lasset ein' seine Saukerle net emol en Ruah bamba!«

Zwischen der Munitionskommode und dem hohen, gußeisernen Ofen im Wohnzimmer stand der niedrige Korb des letzten Familienglieds. Das war unser Kasper, ein kurzhaariger schwarzer Dackel. Wenn er sich zur Ruhe begab, haderte er zunächst mit den Rupfensäckchen, die seinen Korb auspolsterten, und suchte sie mit Zähnen und Füßen in eine für ihn vorteilhafte Lage zu bringen. Dabei stieß er unwillig brummende Laute aus, um Anwesende auf seine Notlage aufmerksam zu machen. Wenn dann ein hilfreicher Mensch kam, sprang er munter aus dem Korb und sah in freudiger Erwartung zu, wie man ihm seine Bettstatt bereitete. Dabei wedelte er mit dem ganzen Hinterleib. Dann stieg er wieder hinein, drehte sich ein paarmal um sich selbst und legte sich mit einem wohligen Grunzer nieder. Dieser hieß etwa: Ihr könnt mich jetzt alle mal! Denn von da an wollte er ungestört bleiben und sich seinen Hundeträumen widmen. Nicht selten hörte man dann aus seinem Korb ein unterdrücktes Gebell, das aus seinem Traumland kam.

Kasper war in erster Linie der Hund seines Herrn. Dieser hatte nach Kaspers Beobachtung drei verschiedene Verhaltensweisen: Entweder verließ er das Zimmer ohne Hut. Dann nahm der Hund keine Notiz von seinem Herrn, weil der nun in die Kanzlei ging. Oder mein Vater bewaffnete sich mit Hut und Stock und vielleicht auch noch mit einem Rucksack. Dann sprang Kasper voll froher Hoffnung an ihm hinauf, ließ sich jedoch ohne größere Schwierigkeiten abweisen. Wenn ihn aber sein Herr nicht mitnahm, obwohl er das Gewehr umhängte, zog sich der schwer beleidigte Jagdhund in seinen Lagerkorb zurück und stieß dort einen tiefen Seufzer aus, in dem alles Leid der Welt beschlossen war. Kehrte mein Vater nach solch schnödem Verhalten aus dem Wald zurück, wurde ihm zur Strafe keine Hundebegrüßung zuteil.

Ab und zu vergaß sich Kasper beim Jagen und kam viel später heim als sein Herr, nachdem er dessen Spur gefolgt war. Führte diese auf den Bahnhof Winterbach, so wartete er auf einen Zug, hopste über die Trittbretter

auf eine Wagenplattform hinauf und stieg in Schorndorf aus. Die Bahnbeamten kannten ihn schon und ließen ihn gewähren.
Ein Bahnbediensteter brachte ihn aber eines Tages an einer Schnur daher und behauptete, Kasper sei in Winterbach in den falschen Zug eingestiegen und nach Geradstetten gefahren. Dort habe er jedoch allem nach sein Versehen bemerkt und sei ausgestiegen. Später habe er den Gegenzug nach Schorndorf benützt. Mein Vater mußte es wohl oder übel glauben und bezahlen.
Einmal aber sah der Spätheimkehrer jämmerlich aus. Ein Fuchs hatte ihm offenbar sein scharfes Gebiß durch die Schnauze gezogen. Sein Herr zerhackte eine Anzahl Blätter von Ringelblumen, die in unserem Garten wuchsen, und legte sie auf die Wunden. Meine Mutter bedeckte das Grünzeug mit einem Stück Mullbinde und befestigte das Ganze mit Heftpflasterstreifen. Kasper hielt still wie ein Lämmlein und schenkte den Wohltätern einen dankbaren Hundeblick.
Die Wunden heilten, aber Narben blieben.
Ein normaler Dackel schläft bei Tag und Nacht, sooft er kann. Deshalb hat er auch viel Bewegung nötig. Wir Kinder durften ihn also immer mitnehmen, falls ihn unser Vater nicht brauchte. Als sehr nützlich erwies er sich an heißen Sommertagen, wenn wir nach der Erledigung unserer Schulaufgaben an die Rems zum Baden strebten.
Wir Buben kannten kaum etwas Schöneres, als in der prallen Sonne am Wasser zu liegen. Doch dicht neben dem Glück wohnt mitunter die Bosheit. Kaum steckten wir in der Badehose, wetzten schon die Rinderbremsen ihre Stacheln und fielen in lüsterner Blutgier über uns her.

Kasper, der neben uns lag, öffnete zunächst das linke Auge und linste mit bösem Blick zu den herumschwirrenden Stechfliegen hinauf. Dabei seufzte er tief ob der abgrundtiefen Verworfenheit der lästigen Biester. Wenn er vollends merkte, wie wir immer wieder nach diesen Blutsaugern klatschen mußten, erwachten seine Beschützerinstinkte. Er schnellte hoch, schnappte wild nach den Bremsen und führte einen wahren Veitstanz auf, bis er eine erwischt hatte. Mit ekelig hochgezogenen Lefzen zerbiß er sie und legte uns das unedle Wild vor die Füße. Dafür mußten wir ihn dann liebevoll streicheln.
Ich weiß nicht, ob andere Hunde auch so wasserscheu sind. Kasper hielt es jedenfalls nie für geboten, aus eigenem Antrieb ein reinigendes Bad zu nehmen. Auch Überredungsversuche fruchteten bei ihm nichts. Erst wenn einer von uns Buben in der aufgestauten Rems den Ertrinkenden mimte, lief er aufgeregt winselnd am Ufer auf und ab und nieste ein paarmal bekümmert. Endlich plumpste er von der niederen Uferböschung ins Wasser und schaufelte sich mit hastigen Bewegungen seiner kurzen Beine an den Bedrohten heran. Dieser tat gut daran, möglichst rasch ans Ufer zu schwimmen, sonst wurde ihm von den rudernden Hundebeinen die Brust zerkratzt.

Man sollte nicht behaupten, Frauen seien besonders neugierig. Kinder sind es viel mehr. Von den sechs Fenstern unseres großen Wohnzimmers waren fünf mit Fuchsien- und Geranienstöcken verstellt. Aber durch das sechste konnte ich schon als dreijähriger Knirps die Hauptstraße beobachten, wenn ich meinen hölzernen Stuhl hinrückte.

Frühmorgens wackelten bereits die Gänse scharenweise aus dem Bauernviertel um die Höllgasse heraus und spazierten selbständig die Hauptstraße hinauf zum ›Gänswäsele‹. Abends faßten sie dann den Entschluß, friedlich heimzukehren. Aber sie besaßen sehr viel Selbstbewußtsein. Reizen durfte man sie nicht. Sonst verfolgten sie den Bösewicht zischend und mit langgestreckten Hälsen.

Ein Blick auf die Hauptstraße lohnte sich immer. Da fuhren die von Ochsen oder schweren Rössern gezogenen Wagen der Brauerei. Da kamen die Arbeiter abends müde aus der Fabrik. Da schlich ein Nachbar immer an der Wand entlang zur nahen Wirtschaft, wenn ihn seine Frau nicht vorher erwischte. Da blieb der Schorndorfer Büttel, der alte, würdige Wunsch, zum so und sovielten Male stehen, schwang seine Glocke und verkündete mit gekonntem Pathos, was der Magistrat ihm aufgeschrieben hatte. Samstags aber rauschte der ›Stadtbach‹ durch die Straße und schwemmte den Schmutz weg.

Am Sedanstag des Jahres 1905 sah ich die bärtigen 1870er Veteranen dahermarschieren. Natürlich sangen sie ›Lieb Vaterland, magst ruhig sein, fest steht und treu die Wacht, die Waaacht – amm – Rhein!‹ Meine Mutter, die hinter mir die Geweihe abstaubte und den Sedanstag mit Nichtachtung strafte, fragte mich nachher, was die Männer gesungen hätten. Nun, ich übersetzte es in meine kindliche Vorstellungswelt: ›Lieb Vaterland, sollsch ruhig sei' ond au brav!‹

Aber ich war auch sonst schnell dabei, Gehörtes in dieser Weise umzufunktionieren. Meine Mutter sang mir oft Lieder vor, unter anderem das Bravourlied ›Auf dem Meer bin ich geboren . . .‹ Das Meer lag aber außerhalb meiner Erfahrungswelt. Daher wollte ich eines Tages wieder das Lied hören: ›Auf dem Örn (Hausflur) bin ich geboren‹.

Doch während meine Mutter, ihrem Wesen gemäß, nur mit halblauter, samtener Stimme zu singen pflegte, bewies ein Mädchen schräg gegenüber, das in die sogenannten Jahre kam, eine beträchtliche Stimmgewalt. Ihr gefielen Lieder, die nicht durchweg den Pfad der Tugend säumten. Da hörte ich also ›Puppchen, du bist mein Augenstern‹ und stellte mir dabei eine kleine Puppe meiner Schwester vor. Oder es schallte aus dem Fenster vis-à-vis: ›Ja, das haben die Mädchen so gerne‹ (was, war mir schleierhaft).

Ein anderes Mal aber hörte ich nicht richtig. Damals drang der Tango bei uns ein und galt von Anfang an als Gelegenheit zu sündhaftem Tun. Denn während sich beim Walzer zentrifugale Kräfte entwickeln, ist dem beim Tango durchaus nicht so. Schon der Standard-Schlager des neuen Tanzes galt als höchst unanständig. Wie der schon anfing. ›In der Nacht, in der Nacht, wenn die Liebe erwacht . . .‹ Leute!

Die Jungfrau gegenüber schreckte auch vor diesem Text nicht zurück. Ich aber mißverstand ihn so, daß er wesentlich entschärft wurde. Eines Tages wollte ich nämlich von meiner Mutter wissen, warum die ›Liese‹ in der Nacht aufwache. Nur mit Mühe konnte sie ein Lächeln verbeißen. Sie empfahl mir aber, dem Mädchen da drüben nicht mehr zuzuhören. Die singe unrein. Das könne meinem musikalischen Gehör schaden.

Ein offenes Tor zu meiner kleinen Welt war dieses Wohnzimmerfenster. Von ihm aus konnte ich auch meinen Spielkameraden der Vorschulzeit, dem Walter und dem Siegfried Bollacher, über die Hauptstraße hinüber winken. Leider wurde ihr Vater im Herbst 1907 nach Stuttgart versetzt, und unser Trennungsschmerz war erst erträglich, als die Eltern versprachen, wir dürften uns später in den Ferien immer wieder besuchen.

An unser Wohnzimmer schloß sich ostwärts das ›Vorzimmer‹ an; eine Hälfte diente als Garderobe. Rund ums Fenster wucherte Efeu, dessen 776 Blätter meine Mutter zweimal im Jahr einzeln abwusch. Außerdem war da noch ein hoher Bücherständer mit Meyers Konversationslexikon und repräsentativen Prachtbänden, die des Menschen Herz erfreuten. Freilich mit Ausnahme des Herrn Dekans. Der hielt es für seine Pflicht, auch den Bücherschrank seiner Gemeindeglieder zu überwachen und bei Bedarf reinigend einzugreifen.

Bei solch moralischem Tun entdeckte er in unserem Vorzimmer eine mehrbändige Ausgabe der Erzählungen von ›Tausendundeiner Nacht‹. Was den Herrn Dekan so sehr daran empörte, waren Abbildungen üppiger Haremsdamen, die auf dem Diwan, im Bad oder in Gärten andeutungsweise ihre verführerischen Reize darboten.

Es kam zu einer heftigen Auseinandersetzung mit meinem Vater, der die geistliche Auffassung nicht für richtig hielt. Diesen Streit muß unser Dackel mitbekommen haben. Denn als der Herr Dekan einige Zeit später meine Großmutter aufsuchte, zernagte der respektlose Hund unter dem Tisch stillvergnügt den unteren Rand der schwarzen Hosenbeine.

Mein Vater hatte nun zwar den Ärger, daß er eine neue Hose bezahlen mußte. Aber die Freude war größer.

Während wir Kinder in den Büchern des Vorzimmers häufig herumblätterten und dabei auch die orientalischen Haremsdamen mit Wohlgefallen betrachteten, ohne indes ihren Verwendungszweck zu verstehen, schlichen wir in den angrenzenden Salon mit seinem glänzenden Parkettboden äußerst selten und nur in Strümpfen, um keine Spuren zu hinterlassen.

Links hinten prunkte eine Makart-Ecke mit einem mächtigen Spiegel, einer von unserer Mutter kunstvoll gearbeiteten Schatulle, Schilfrohrkolben und Pfauenfedern, die man so schön auf der Nase balancieren konnte, wenn die Erwachsenen abwesend waren.

Daneben hing eine Kuckucksuhr, bei der eine Wachtel wie eine Furie aus ihrem Loch vorschnellte, um die Viertelstunden anzukündigen, wohingegen der Kukkuck selbst sich auf die vollen Stunden beschränkte.

Natürlich hingen da, dem Beruf unseres Vaters entsprechend, Hirsch- und Rehgeweihe. Außerdem balzte in einer Ecke ein Auerhahn, und eine Anzahl anderer ausgebälgter Vögel flatterte und saß herum: ein Bussard, ein Habicht, ein Sperber, ein Falke und ein Neuntöter. Nach Afrika und Nordamerika ausgewanderte Verwandte unserer Mutter bereicherten überdies den Salon mit Tierfellen, Schlangenhäuten, ausgeblasenen Straußeneiern und dergleichen.

Ein zweites Klavier im Hintergrund war stets erkältet und deshalb meist verstimmt, weil der Salon im Winter nur am Sonntagvormittag geheizt wurde, wenn man mit Höflichkeitsbesuchen zu rechnen hatte. Diese bestaunten regelmäßig die einheimischen und exotischen Schätze, blieben aber erwartungsgemäß nicht allzu lange, weil das Sofa unbequem war.

Hinter einem zweiten Schlafgemach setzte sich die Zimmerflucht mit einem Wohnraum fort, dessen schöner Sekretär samt den vielen Nippsachen an die Biedermeierzeit erinnerte. Es war das Reich unserer Großmutter aus der Mainhardter Apotheke. Sie lebte seit Großvaters Tod im Schloß, von uns Kindern schon deshalb sehr verehrt, weil unsere Mutter ihr im Wesen ähnlich war.

Für die immer außergewöhnlich gepflegte ›Esslinger Großmama‹, die verwitwete Mutter unseres Vaters, die wir nur bei gelegentlichen Besuchen sahen, empfanden wir eher eine scheue Bewunderung. Als wir aber hörten, daß sie bei starken Gewittern auf den Dachboden steige, um ›das großartige Schauspiel der zuckenden Blitze‹ besser beobachten zu können, hatte auch sie unsere Bubenherzen gewonnen.

Das letzte Stück dieser Wohnreihe lockte uns Kinder ganz besonders. Es hieß ›Napoleonssaal‹, weil der Korse, wie man erzählte, auf seiner Fahrt zum Regensburger Feldzug hier genächtigt habe. Pietätvolle Generationen hatten die grünseidene Tapete seitdem nicht entfernt. Auch unser Vater ließ sie an der Wand, obwohl sie teilweise recht zerschlissen war.

In diesem großen Raum standen zwei Ausweichbetten für uns Buben, falls wir das Gastzimmer, in dem wir sonst nächtigten, einmal für Besucher zu räumen hatten. Wenn wir im Sommer barfuß gingen, mußten wir die Augen offen halten, um nicht in eine der Mausfallen zu treten. Denn die Mäuse bohrten sich immer wieder Löcher in dieses Zimmer – vielleicht, weil es dort so gut nach gedörrten Apfelschnitzen und Zwetschgen roch, die in schneeweißen, luftdurchlässigen Säckchen an der Wand hingen.

Ein riesiger Schrank barg alle möglichen Spielsachen und Bücher vergangener Epochen. Kein Wunder, daß dieser abgelegene Raum für uns Kinder eine solch

magnetische Anziehungskraft besaß. Zum Spielen blieb trotz der großen Betten noch genügend Platz.
In einer Ecke stand eine Ansammlung von Flaschen verschiedenen Inhalts, zum Beispiel auch einige Flaschen Brombeerlikör, die unsere Großmutter aus der Mainhardter Apotheke mitgebracht hatte. Ab und zu kam der Vater herein, interessierte sich für unsere Spiele und genehmigte sich zum Schluß einen Schluck Brombeerlikör, um die Bürde seines Amtes leichter tragen zu können. Endlich blieb nur noch eine einzige Flasche übrig.

Da man aber als Heranwachsender den Älteren nacheifern soll, nahm mein Bruder, als sich der Vater entfernt hatte, auch einmal einen Schluck und sagte mit verklärtem Gesicht: »Haaa, deescht emol gut! Daß i dees net schon früher g'merkt han. Do, nemm au en Schluck, aber bloß en kleina. Sonscht wird dir's zwirbelig em Kopf. Du bischt erscht neun.«
So floß die Zeit dahin und mit ihr der Likör. Abwechselnd nahm der Vater einen Schluck, und wenn er wieder draußen war, bedienten sich seine Söhne. Letzteres blieb immer unbemerkt. Schließlich war nur noch ein schäbiger Rest in der Flasche. Wir hätten ihn natürlich drin lassen sollen. Aber Otto meinte: »Waisch, vielleicht merkt 'r's net.« Kurz, auch dieser Rest wurde von uns Lausbuben verkasematukelt.

›Doch mit des Geschickes Mächten
ist kein ew'ger Bund zu flechten . . .‹

Eines Tages studierte Otto in dem mehrsprachigen ›Orbis pictus‹ des alten Comenius, während ich mir mit dem großen Kaleidoskop eine bunte Zauberwelt vorgaukelte. Da eilte unser Vater herein: »Hent 'r au scho

eure Schulaufgaba g'macht?« Das konnte bejaht werden. Dann begab er sich, von uns Übeltätern bangen Herzens beobachtet, schnurstracks in die Flaschenecke, suchte dort eine Zeitlang herum und griff dann zu einer Flasche, die eine rotbraune Flüssigkeit enthielt. Wir atmeten auf. Da war also doch noch ein Brombeerlikör. Daß wir den übersehen konnten!
Doch kaum hatte unser Vater einen Schluck im Mund, setzte er blitzschnell die Flasche ab und rannte mit einem unterdrückten »Mm ... mm!« zum Fenster. Der Mitbürger, dem er das Zeug vor die Füße spuckte, war nicht froh und gebrauchte unfreundliche Worte.
Es stellte sich heraus, daß die rotbraune Flüssigkeit ein von unserer Schwester nach einiger Zeit verschmähtes Haarwasser war. Der Vater aber wunderte sich, daß sich nicht doch noch ein Rest Brombeerlikör in einer Flasche befand – und seine Söhne wunderten sich mit ihm.

Das ›stille Örtchen‹ war im Schloß ein abgelegenes Gelaß von erheblicher Länge, nach hinten durch einen breiten, uralten Holzthron abgeschlossen, den vielleicht schon Herzog Christoph bestiegen hatte. Über die große Öffnung mußten wir Kinder, um nicht in die gräßliche Tiefe zu sausen, ›vorher‹ sogenannte Brillen mit drei kleineren Öffnungen legen, deren Durchmesser nach der jeweiligen Altersklasse schön abgestuft waren. Als ich acht Jahre alt war, übermannte mich eines Tages der Größenwahn. Das heißt: Ich ließ die Brillen stolz beiseite. Überheblichkeit wurde aber schon bei den alten Griechen vom Schicksal in Bälde geahndet. Vielleicht war's ein schwirrender Schwarm blaugrün schillernder Fliegen, der mich aus der finsteren Tiefe anfiel

(unten hat man das nicht so gern) und zu einer ruckartigen Bewegung verleitete – jedenfalls rutschte mir meine Uhr aus der Tasche und verschwand samt Kette im düsteren Orkus.
In solchen Fällen ist es gut, wenn man eine hilfreiche ältere Schwester hat, die beim Leeren hilft, selbst wenn das mehrere Stunden dauert. Und unsere Stachelbeerbüsche gediehen in diesem Jahr ganz prächtig.
Der geschickte Uhrmacher Müller tat das Seine. Er tauchte die Ertrunkene in ein Spiritusbad und erweckte sie zu neuem, geruchlosem Leben.

Jedes Schloß, das etwas auf sich hält, hat auch ein Geisterzimmer. Denn die Gespenster können immerhin verlangen, daß man ihnen wenigstens von Mitternacht bis ein Uhr morgens einen irdischen Aufenthaltsraum vergönnt.
Betrat man von der Einfahrt her das Jagdschloß durch den Haupteingang und wandte sich noch vor der Treppe nach links, so kam man über einige Stufen in den einstigen Empfangssalon. Zu unserer Zeit befand sich dort nur eine Ansammlung aktiver und inaktiver Gartenmöbel. Eine zweite Tür führte weiter ins Geisterzimmer. Das war ein völlig nackter Raum, der sein Licht durch zwei Fenster erhielt, deren Höhlungen durch die meterdicke Außenwand des Hauses gebrochen waren. An den Innenwänden standen hohe Holzregale mit uralten Akten, und einige Partien des Bodens waren mit Packpapier bedeckt, auf dem unser Brechobst lagerte, fast durchweg gute Sorten. Die Geister verstanden aber offenbar nichts davon: Denn es kam überhaupt nie vor, daß sie unseren Obstvorrat dezimierten.

So überlegten jedenfalls unsere Dienstmädchen (in dem weitläufigen Schloß hatte meine Mutter jeweils eins), ausnahmslos brave, tüchtige und fleißige Mädchen vom Lande, die sich ihre Aussteuer vollends verdienen wollten. Fast jede benahm sich uns Kindern gegenüber wie eine zweite Mutter, und weil wiederum jede an die Existenz von Geistern glaubte und eine Menge diesbezüglicher Geschichten erzählen konnte, glaubten wir Kinder in jüngeren Jahren natürlich auch daran. Eins unserer Mädchen betrat übrigens das Geisterzimmer grundsätzlich nie.

Mein Bruder Otto war schon in jungen Jahren zu der Erkenntnis gekommen, daß jeder Mensch eine Portion Angstgefühle in sich trage. Aufgabe jedes richtigen Mannes sei es, diese Menge stetig zu verringern. Damit könne man aber nicht früh genug anfangen.

Das Gastzimmer, in dem, wie gesagt, Otto und ich schliefen – auch später noch, wenn wir in den Ferien nach Hause kamen –, bot verschiedene Vorteile: Erstens war es sehr freundlich, weil es im Gegensatz zu den übrigen Wohnräumen sein Licht von Süden und Osten erhielt. Zweitens lag es am Garten, den man bei geschlossener Haustür über eine Leiter erreichen konnte, beispielsweise bei Nacht. Drittens endlich war das Zimmer außerhalb der Wohnungstür. Wenn wir also mit flackerndem Kerzenlicht, das wunderlich tanzende Schatten an Wände und Decken warf, den langen Örn und die Wohnungstür hinter uns gebracht hatten, kamen wir uns im Gastzimmer wie Freiherren vor.

Otto, der sich für die Entwicklung meines Innenlebens mitverantwortlich fühlte, las mir oft noch im Bett lehrreiche Geschichten vor. Im Jahr des Heils 1909, als ich erst sieben Jahre, er aber schon stolzer Lateinschüler

war, wählte er in einer schwülen Sommernacht als Lektüre ›Das Gespensterschiff‹ von Wilhelm Hauff. Die Erzählung wurde immer grausiger, so daß ich meine Bettdecke schließlich bis zur Nasenspitze heraufzog. Als dann irgend so ein Schurke auf dem Gespensterschiff einem Zeitgenossen, der ihm unsympathisch war, einen langen Nagel durch die Stirn trieb, klappte mein Bruder das Buch zu und sagte: »So, jetz send's no fenf Minuta bis zwölfe. Ond grad jetzt, wo mir dees g'lesa hent, gehe mir nonter ens Geisterzemmer ond bleibet dort a ganze Stond. No könnet mir zeige, ob mir Kerle send!«
Ich sagte ›ja‹ und dachte ›nein‹, aber ich wollte doch auch ein ›Kerle‹ sein. Wir stiegen also aus den Betten, verließen das sichere Zimmer und schlichen im Nachthemd durch die Finsternis. Dann ging's die lange Treppe hinunter und dann die kurze, und schon standen wir vor dem Empfangssalon. Dort tasteten wir uns zwischen mancherlei Gerümpel hindurch, bis wir die Tür zum Geisterzimmer fanden.
Nun standen wir drin, und die Stille der Nacht rauschte uns in den Ohren. Doch gerade, als es auf dem Kirchturm zwölf Uhr schlug, gab's im Geisterzimmer einen Knall. Vermutlich war ein Regalbrett gesprungen, wir aber hielten es für das Signal zum ersten Auftritt der Gespenster. So machten wir schleunigst kehrt und suchten das Weite. Ich aber immer vorneweg! Allerdings nur, bis ich beim Emporhasten durch das Treppenhaus auf mein langes Nachthemd trat. Während ich mich wieder aufrappelte, bekam Otto einen Vorsprung und erreichte vor mir das rettende Gastzimmer, zog mich aber dann in brüderlicher Hilfsbereitschaft vollends herein und verriegelte die Tür. »So«, sagte er ab-

schließend, als er verschnauft hatte, »die hent ons net verwischt!«
Und mit dieser Feststellung waren wir beide wieder ganz oben.

3

Jeder Stand hat seinen berechtigten Stolz. Warum also nicht auch die Bauern?
Dr. Schobeß, ein uns befreundeter Arzt, der aus Thüringen stammte, war anfangs mit der Mentalität schwäbischer Bauern noch nicht so recht vertraut. Lachend erzählte er einmal, er sei in der vergangenen Woche nach Hohengehren geradelt, um bei einer Bauernfrau eine Generaluntersuchung vorzunehmen. Als diese Prozedur beendet war, lag die Bäuerin auf dem Bauch. Zum Zeichen dafür, daß sie sich wieder umdrehen und aufstehen dürfe, gab ihr Dr. Schobeß einen Klaps auf die Stelle, die sich ihm am deutlichsten entgegenwölbte. Darob ergrimmte der Bauer, der dabeistand, und tat seinen Unwillen kund.
Als der Arzt aufbegehrte, er solle doch nicht so kleinlich sein, erklärte der Bauer mit Nachdruck: »Also, daß mir ons recht vrstehet, Herr Doktor! An sich macht mir dees gar nex aus, wenn Se meiner Karlene eine auf da Blanka knallet. Aber dees weiß e g'wieß: Bei dr Frau Kommerzienrat en Schorndorf dädet Se so ebbes net!«
Und nach einer kleinen Pause: »Drom!«
Dagegen war nichts zu sagen. So suchte Dr. Schobeß den Schaden wiedergutzumachen. Einige Zeit später begegnete er dem Bauern auf der Straße, wie er gerade

einen vollbeladenen Heuwagen heimwärts kutschierte. Der Arzt stieg also von seinem Fahrrad ab und rief dem Bauern freundlich zu: »Grüß Gott!« Daran hatte er sich schon gewöhnt. »Fahren Sie Ihr Heu heim?« – »Noi, Herr Doktor«, erwiderte der Bauer, »i fahr mei Hai hoim!«
Das Kriegsbeil war also noch nicht begraben.
Fast jeder Bauer konnte von sich sagen, daß er vom Frühjahr bis zum Herbst – vom ›Roma‹ (dem Abräumen der Wiesen) bis zum zweiten Öhmd – Schwerarbeit leiste und daß er auch im Winter nicht untätig sei. Worauf der Bauer aber eigentlich stolz war, wurde mir erst richtig klar, als ich in der Eisenbahn einen Streit zweier Jungbauern erlebte.
Mein Vater wollte mich zum Auszeichnen der Bäume mitnehmen, die in einem Waldstück oberhalb des Engelbergs geschlagen werden sollten. Wir lösten also Fahrkarten vierter Klasse nach Winterbach. In unserem Wagenabteil saßen nur noch zwei junge Bauern. Aus irgendeinem Grund beschimpften die beiden einander von Anfang an. Ihr diesbezüglicher Wortschatz war beträchlich, und die bildhaften Schimpfwörter schlossen nicht einmal weibliche Körperteile aus. Aber es kam zu keinen Tätlichkeiten, bis einer sein Gegenüber einen ›Schiffschaukler‹ hieß. Da ging's los, und mein Vater mußte die beiden gewaltsam trennen. Sie blieben auch gutwillig auseinander. Doch der Beleidigte maulte immer wieder: »I will jo g'wieß nemme zueschlage, aber«, hier nahm seine Stimme um etliche Phonstärken zu, »der do soll mi kein Schiffschaukler heißa!«
Ich verstand das nicht. ›Schiffschaukler‹ war für mich kein Schimpfwort. Als wir den Abkürzungsweg zum Engelberg hinaufstiegen, erklärte mir's mein Vater. Das

sei ganz einfach. ›Schiffschaukler‹ bedeute ›fahrendes Volk‹. Der Bauer aber sei stolz auf seine Seßhaftigkeit. Schmunzelnd fügte er hinzu, die Staatsbeamten seien, genaugenommen, auch nichts anderes als Zigeuner auf gehobener Stufe. Seßhaftigkeit kennen sie nicht. Aber das sei ganz gut so. Der Staat könne nicht riskieren, daß ein Beamter in Abhängigkeit von Verwandten und Bekannten komme und sie bevorzuge. Für unsere Familie speziell habe es seit mehr als hundertfünfzig Jahren keine Seßhaftigkeit mehr gegeben. Seit seinem Urgroßvater seien in der direkten Linie alle Staatsbeamte gewesen und im ganzen Land herumgeschoben worden. Aber darauf komme es gar nicht an. Württemberg sei in allen Teilen schön und überall gebe es da Menschen, bei denen man sich wohl fühlen könne.
Nicht weit von der Kaiserstraße, die von den Staufern einst benutzt wurde, wenn sie nach Waiblingen ritten, hatte mein Vater eine kleine Blockhütte bauen lassen. Ab und zu übernachtete er dort. Denn innen standen zwei roh gezimmerte Gebilde, die, mit getrocknetem, wohlriechendem Seegras gefüllt, als Betten dienten. Manchmal war unsere Mutter bei ihm, die den Wald über alles liebte, manchmal auch eins von uns Kindern. Dann setzte man sich in der Dämmerung auf die überdachte Bank vor der Hütte und hörte schweigend dem Gesang der Vogelstimmen zu, der beim Nahen der Nacht anschwoll und schließlich in der Dunkelheit verebbte.
An jenem Samstagnachmittag machten wir vor der Blockhütte nur kurze Rast, nachdem die Durchforstung beendet war. Mein Vater kam noch einmal auf das Thema ›Seßhaftigkeit‹ zurück. Genau betrachtet, meinte er, sei der Begriff ›Heimat‹ überhaupt etwas

›wackelig‹. Seine Vorfahren seien in der Zeit der Gegenreformation vom Bischof von Brixen aus der Gegend von Meran vertrieben worden, und Vorfahren unserer Mutter hätten als Hugenotten Frankreich verlassen müssen. Sie alle seien damals von den württembergischen Herzögen aufgenommen worden. Das dürfe keiner von uns vergessen.

Mit Nachdruck aber betonte er, Gefühle des Hasses gegen die Vertreiber oder gar gegen die Katholiken wären nichts anderes als ein Rückfall ins finsterste Mittelalter. Eine Verfeindung der Konfessionen dürfe in unserer Zeit keinen Platz mehr haben. Aber unter den Anhängern gewisser religiöser Sondergruppen gebe es leider besonders viele unduldsame und selbstgerechte Leute. Auch sein Vater habe als Pfarrer darunter leiden müssen. Er werde mir einmal davon erzählen.

Irgendwo im Unterholz vor der Blockhütte begann ein enger Pfad, und irgendwo vor der Schlichtener Straße hörte er im Wald plötzlich auf. An der Sohle von Klingen, die in den weichen Knollenmergel gerissen waren, führte er über schmale, geländerlose Holzbrücken – ein verschwiegener Weg ohne Anfang und Ende. Außer meinem Vater, der ihn hatte anlegen lassen, war er nur Waldarbeitern bekannt. Sie benützten ihn gern, weil er den Umweg über Schlichten ersparte.

Wir fanden ihn auch in der Dunkelheit, und mein Vater, der eine Fülle von Geschichten wußte, erzählte mir von Aladin und seiner Wunderlampe.

Einige Tage später zog er aus einer Schublade seines eichenen Schreibtischs die Familienpapiere heraus. Darunter befand sich ein Brief seines Großvaters, der an der ersten Stuttgarter Realschule (dem heutigen Friedrich-Eugens-Gymnasium) einer der ersten Rektoren gewe-

sen war. Anläßlich der Verleihung des persönlichen Adels forderte er seine ›Söhne und Enkel‹ schriftlich auf, ›durch gewissenhafte Pflichterfüllung und ehrenhaftes Verhalten‹ unseren Namen zu ›edeln‹. Alles übrige sei ›eitler Tand‹.
»Siehsch«, meinte mein Vater, »auf dees kommt's a'!«

Die Schorndorfer wußten, daß Armut allein auch nicht glücklich macht. Also krempelten sie die Ärmel hoch und rührten sich.
Es ist verblüffend, wie viele namhafte Fabrikbetriebe in dieser Stadt mit ihren sechs- bis siebentausend Einwohnern florierten. Da war eine Eisenmöbelfabrik, eine Lederfabrik, eine Hornknopffabrik, eine Porzellanfabrik, eine Strohhutfabrik, eine Fingerhutfabrik, eine Bürstenhölzerfabrik, zwei große Sägewerke, zwei große Kunstmühlen, am Stadtrand eine Ziegelei und endlich eine Brauerei, die einen so bedeutenden Absatz hatte, daß sie aus eigenen Mitteln einen großen Festsaal errichten konnte. Dabei hielt sich die Zahl der Pendler wegen der dürftigen Verkehrseinrichtungen und der langen Arbeitszeiten in verhältnismäßig engen Grenzen.
Eine Fabrik mit ihren bewachten oder geschlossenen Toren war für uns Buben wie verbotenes Land, das seine Geheimnisse nicht enthüllen will. Aus dem Innern hörte man gedämpftes Stampfen und verhaltenes Donnern. Aber die Fensterscheiben waren meist hoch angebracht und teilweise auch blind.
Doch um die Sägewerke schlichen wir immer wieder herum. Dort konnte man etwas sehen, und das frisch geschnittene Holz roch so gut. Und dann lockte noch das ebenerdige Elektrizitätswerk, an dessen Scheiben wir häufig unsere Nasen plattdrückten. Immer wieder

bestaunten wir das große Schwungrad. Sein unablässig gleichmäßiger Lauf erschien uns imponierend und unheimlich zugleich, zumal fast nie ein menschliches Wesen dabei zu sehen war.

Soziale Probleme der Arbeiterschaft waren für uns Kinder noch nicht faßbar, auch nicht, als wir ›Teenager‹ wurden. Leider war die Höhere Schule fast noch Standesschule, wenn auch nicht ausschließlich; denn in der kleinen Stadt traf man seine früheren Kameraden von der Volksschule immer noch.

Von den Eltern hörten wir gelegentlich, nur *die* Arbeiter seien einigermaßen ordentlich gestellt, die noch einen kleinen landwirtschaftlichen Betrieb hätten.

Ab und zu gab's auch einen Streik, aber ohne Ausschreitungen und ohne besonderen Lärm. Einer dieser Ausstände ließ uns ahnen, daß die soziale Lage der Arbeiterschaft nicht in allen Betrieben gleich war. Bei Bosch in Stuttgart wurde damals die Arbeit nicht eingestellt. Den Streikpropagandisten hielt man dort stets den gleichen Slogan entgegen:

›Halt dei Gosch,
i schaff beim Bosch!‹

Ich erinnere mich aber auch noch daran, wie empört meine Eltern reagierten, als bei einem großen Streik in Berlin bekannt wurde, Kaiser Wilhelm habe gesagt, er erwarte vom Militär, daß es Arbeiter ›zur Strecke bringe‹.

Handwerk und Handel hatten einen soliden, wenn auch nicht goldenen Boden. Die Besitzer bestimmter Läden oder Betriebe prägten sich uns Buben als Persönlichkeiten ein, die es durch Fleiß und Geschick zu etwas gebracht hatten. Wir hüteten uns deshalb davor, einen

jener tüchtigen Männer zu verärgern – aber nicht aus Angst, sondern weil uns ihr korrektes und höfliches Verhalten zu entsprechendem Benehmen zwang.
Schon als Vierjähriger durfte ich im Lebensmittelladen gegenüber kleinere Einkäufe tätigen. Doch die Besitzerin verbot mir bald, unseren jungen Dackel mitzubringen, weil sich dieser ohne weitere Förmlichkeiten hinter ihr offenes Heringsfaß machte. Es gibt eben Menschen, die dann nicht mehr so begeistert Heringe kaufen.
Mit Vergnügen sah ich in der Backstube des Sonnenwirts Junginger beim Teigmachen zu. Wie fix und geschickt der Bäcker mit seinen Gehilfen das Geschlinge der schwäbischen Brezeln formte! Manchmal ging ich auch einfach hinüber, um zu fragen, ob ich in der Backstube Fliegen fangen dürfe. Ich durfte und zeigte jedesmal voll Stolz meine Beute vor. Sonnenwirts Liesele war übrigens fast das einzige Mädchen, das wir bei unseren wilden Bubenspielen zuließen. Aber nur bis zum volksschulpflichtigen Alter. Später gehörte sich das nach wilhelminischer Auffassung nicht mehr.
Beim Uhrmacher Müller war ich jederzeit willkommen. Ich fragte zuerst höflich: »Derf i a Weile zugucka?«, kletterte aber währenddessen schon auf einen Hocker und schaute zu, wie seine geschickten Hände lädierte Uhrfedern austauschten und kleinste Rädchen in ein Gehäuse einfügten. Hin und wieder durfte ich ein ausgedientes Teilstück mitnehmen und versenkte es befriedigt in meine Hosentasche, die sowieso schon vielerlei enthielt.

In jener verkehrsarmen Zeit konnte man Kindern noch ohne weiteres erlauben, mit Reifen durch die Straßen zu toben. Diese hatten im allgemeinen einen Durchmesser von etwa einem Meter. Für die Mädchen gab's leichte Reifen aus Holz, für die Buben schwerere aus Eisen. Angetrieben oder plötzlich angehalten wurden sie mit einem kurzen Instrument, das vorn in einen Greifhaken auslief.

Aber der Mensch ist nur selten mit dem zufrieden, was er hat. Die ebene Straße war uns bald zu ›langsam‹. So sammelten wir uns am ›Bebbelesbaum‹, den unverständige Menschen späterer Zeiten leider umgelegt haben. Unser Startplatz war also am oberen Ende des Ochsenbergs. Wunderbar, wenn man von dort bergab ›reifelte‹!

Doch zuweilen machte sich der Reif selbständig, so etwa, wenn sein Besitzer unterwegs auf die Nase fiel. Meistens lief dann der Reif irgendwohin zur Seite und blieb liegen. Manchmal aber raste er mit steigender Geschwindigkeit stur geradeaus am ›Waldhorn‹ vorbei auf die Hauptstraße und sprang dort ohne jedes Schamgefühl irgendeine Person männlichen oder weiblichen Geschlechtes an. Diese wartete dann voll finsteren Grolls auf den kleinen Besitzer des Eisenreifs, um ihm eine an ›d' Gosch‹ zu hauen. Mancher ließ deshalb seinen Reif im Stich. Da ich indessen zur Sparsamkeit erzogen war, steckte ich lieber einige Ohrfeigen ein.

Es kam aber auch vor, daß der Reif ungestreift über die Hauptstraße sauste und an einer Hauswand zersprang. Hatte man das Glück, dem Hausbesitzer zu entwischen, trug man den Schwerverletzten zum Schmied Bonasch, dessen Armmuskeln wir wiederholt bestaunten. Der hielt den Reif ins Feuer und hämmerte ihn um ein Spottgeld zusammen.

Dicht neben dem Schmied Bonasch und seinen Enakssöhnen wirkte der Hutmacher Heer. In der heißen Jahreszeit kauften wir dort die herrlich weichen Strohhüte der Hutfabrik Sommer. Aber unsere bunten Klassenmützen stellte die Familie Heer selbst her. Es war dabei ein Gebot der Sparsamkeit, gleichzeitig einen Schonüberzug aus Wachstuch für Regentage mitzuerwerben. Unser Kopfmaß war leicht festzustellen. Denn wir wurden gewöhnlich völlig kahlgeschoren. Das war am billigsten und ging morgens am schnellsten. Einen Kamm brauchte man nicht, ein Schwamm genügte. Böse Zungen behaupteten, gewisse Kerle seien schon mit einem Staublumpen zufrieden. Jedenfalls konnte man Buben schon oben von Mädchen unterscheiden. Besonders tierfreundlich war diese schlichte Haartracht allerdings nicht. Sie entzog nämlich den in wenigen Familien immer noch nicht ganz ausgestorbenen Läusen ihre hauptsächliche Operationsbasis.

Wohl selten hat eine Kleinstadt wie seinerzeit meine wilhelminische Heimatstadt einen so natürlichen und schönen Mittelpunkt, zumal die Hauptstraße, gewissermaßen der Korso, mitten durch den Marktplatz führte. Dort stand ganz oben das Redaktionsgebäude des ›Schorndorfer Anzeigers‹ der Familie Rösler. Weiter unten folgten die beiden Apotheken, wo so viele geheimnisvolle Fläschchen und Dosen auf Regalen thronten. Später, als wir Latein und dann noch Griechisch lernten, konnten wir uns manche Aufschriften einigermaßen erklären.
Für die Weihnachtsgutsle holten wir unserer Mutter immer gern in der Apotheke das Hirschhornsalz, das so jäh in der Nase brennt, wenn man dran riecht. Zum Heimweg brauchten wir Lausbuben ziemlich lang, weil

wir unterwegs mit wohlgesetzten Lobreden allen möglichen Mädchen empfahlen, hinzuriechen und dabei ganz tief einzuatmen, um in den vollen Genuß des Wohlgeruchs zu kommen. Wenn sie unseren heimtükkischen Rat befolgten und zurückfuhren wie gebissen, war die Freude groß, wenn auch einseitig.

Neben der Palm'schen Apotheke reizte uns die Konditorei, weil wir dort von der Frau Schäfer, die immer so hübsch gekleidet war, oder von ihrer Rosel ein ›Bombole‹ als Wegzehrung erhielten.

Aber am anschließenden Wachthäusle drückten wir uns stets rasch vorbei und wunderten uns fast, wenn nicht ein Polizist herausschnellte und uns am Stehkrägle packte, um die wilhelminische Ordnung wiederherzustellen.

Lieber schlichen wir deshalb hinten vorbei, wenn wir zur Buchhandlung Bacher strebten. Und das geschah jede Woche mindestens einmal. Dort waren wir nämlich auf eine Jugendzeitschrift abonniert, die in faßbarer Form über Interessantes aus aller Welt informierte – von technischen Fortschritten bis zu farbigen Reiseberichten, von den ersten Flugversuchen bis zu seltenen Briefmarken und ihrer Geschichte. Das war ›Der gute Kamerad‹. Anleitungen zum Basteln waren in jener Zeit, die noch keine überperfektionierten Spielsachen kannte, höchst willkommen. Und den Abenteuerromanen, die in Fortsetzungen erschienen, fieberten wir von Samstag zu Samstag entgegen.

Daß Carl Bacher, der die Buchhandlung mit zähem Fleiß und viel Erfahrung aufgebaut hatte, seinen Vornamen immer mit C schrieb, war nicht etwa ein Zeichen konservativer Gesinnung. Im Gegenteil: Er vertrat sehr fortschrittliche Ansichten, und seine weltmännische

Höflichkeit machte auch vor uns jungen Bürschchen nicht halt.
Eine seiner Töchter, die etliche Jahre jünger war als ich, gewahrte ich einmal aus dem linken Augenwinkel, als sie mit fliegenden Zöpfen ihren großen Holzreif um das Rathaus herumjagte. Aber damals war sie noch ›in der ersten Streckung‹. In diesem Stadium wirken die Mädchen meist nicht attraktiv. Erst als Student sah ich sie wieder. Darüber waren fast zehn Jahre vergangen. Da war sie bereits ›in der zweiten Füllung‹ und erschien mir ungemein bemerkenswert. In solchem Falle tut man gut daran, seine Wünsche zu verwirklichen und dieses Resultat über sich selbst hinaus zu verlängern.
Die Bacher waren sogar dreifach vertreten und vermehrten sich dementsprechend. Da war noch der Uhrmacher Bacher. Und beim Instrumentenmacher, der auch eine große Musikalienhandlung führte, holten wir uns die Saiten für unsere Violinen. Gar nicht selten. Denn die dünne E-Darmsaite platzte immer wieder. Die haltbare Stahlsaite war aber im Klang zu hart, und von der Seidensaite wurde uns mit Recht abgeraten, da sie geradezu perverse Töne erzeugte.
Manchmal stand auch der junge Eugen Bacher hinter dem Ladentisch. Schon als Vierzehnjähriger wurde er bei öffentlichen Veranstaltungen als gewandter Klavierspieler bewundert. Von der Volksgunst erfaßt, war er bald für alle einfach der ›Gigo‹. Er war ein paar Jahre älter als ich, und wenn ich wieder einmal eine E-Saite holte, kam es vor, daß er mir in dem Raum, wo die Klaviere standen, etwas vorspielte. Das gehörte zu meinen ganz großen Kindheitserlebnissen. Denn der Gigo hatte das gewisse Etwas in seinem Spiel, mochte es auch nur ein einfaches Wanderlied sein.

Schon damals gab es Persönlichkeiten in unserer Stadt, die zukunftsträchtige Gedanken hegten. Zu ihnen gehörte der Kaufmann Heß mit seinem älteren Sohn. Beide erkannten die Bedeutung der lebenden Bilder, und wenn mich mein Gedächtnis nicht täuscht, richteten sie schon vor dem Jahre 1910 neben dem Laden in der Hauptstraße ein Kino ein, das den damaligen Ansprüchen vollauf genügte. Schneider Betsch, der übrigens von seinem Handwerk viel verstand, schneiderte sich eine Phantasieuniform zurecht, die jeden Balkangeneral vor Neid hätte erblassen lassen, und spielte den Empfangschef.

Frau Steinitz endlich, die Klavierkünstlerin, untermalte das Leinwandgeflimmer mit einer Anpassungsfähigkeit, wie ich sie zur Zeit des Stummfilms sonst kaum irgendwo erlebt habe.

Natürlich war jetzt unser Klassenkamerad Willy Heß viel umworben. Aber er konnte nur sonntagnachmittags wagen, mit einem von uns durch den Hintereingang hineinzuschleichen. Mich nahm er auch zwei- oder dreimal mit. Wir kleinen Nichtzahler stellten uns dann hinten auf eine leere Bank und staunten mit offenem Munde darüber, was für abgefeimte Spitzbuben es doch außerhalb unserer braven Stadt gebe. Denn es waren gewöhnlich Schauerfilme, in denen Halunken jeder Gattung ihr Unwesen trieben.

Aber einmal wurde mir's zu viel. Der Film hieß ›Die weiße Sklavin‹. Ein Widerling mit stechendem Blick, dicken Augenbrauen, schwarzen Lippen und einem schäbigen Spitzbärtchen suchte sich eine junge Frau gefügig zu machen. Warum, verstand ich nicht. Aber ich fand es empörend, daß ein Mann mit einer Frau einen Ringkampf mache. Wir Buben hätten uns geschämt, Mädchen zu einem Ringkampf herauszufordern. Schließlich wußte ich auch, daß kein Hund eine Hündin beißt. Also! Darum zog ich vorerst einen Schlußstrich unter meine heimlichen Kinobesuche.

Tagtäglich konnte man beim Anblick der ›Schorndorfer Weiber‹ auf der Rückseite des Rathauses von neuem innere Kräfte sammeln. Daß *sie* die Kapitulation vor Mélac verhindert hatten, blieb für die Männer freilich ein schmerzliches Trauma. Aber da war ja auch noch der Sebastian Schärtlin und der Johann Philipp Palm und der Gottlieb Daimler. Mit Recht ist Schorndorf stolz, gerade diesen zu seinen prominenten Söhnen zählen zu dürfen. Sein schlichtes Geburtshaus kann man jetzt noch in der unteren Höllgasse bewundern.
Wenn ich mich recht erinnere, waren es drei Männer, die in der Daimler-Geburtsstadt als erste voll Wagemut das neumodische Fuhrwerk benützten: der Ziegeleibesitzer Hermann Groß, der Oberamtstierarzt Dr. Schweikert und der junge Riehle von der Löwenbrauerei. Riehles rotlackiertes Auto mit hoher Hinterfront und langem Schalthebel außerhalb der Bordwand ratterte fast täglich durch die Hauptstraße. Es gehörte nicht gerade zu den Stillen im Lande, hinterließ aber dafür weder Roßäpfel noch Kuhfladen.
An einem sonnigen Morgen holten mich meine Freunde Walter und Siegfried von meinen Spielsachen weg. Mit selbstgebastelten Peitschen trieben wir unsere bunten Kreisel kreuz und quer über den Bürgersteig vor dem Schloß, und die Lautstärke unseres Gebrülls war beträchtlich.
Da trat der stets gutgelaunte Herr Leibniz, ein Kollege meines Vaters, aus dem Torbogen. Voll Eifer lief der

kleine Siegfried zu ihm hin: »Du, Herr Oberförster, bend mr au dees Schnürle besser an mein Stecka!«
Der lachte vergnügt und machte mit wenigen Griffen die Peitsche wieder gefechtsklar.
Trotzdem spielten wir nicht weiter. Denn in diesem Augenblick tuckerte das rote Auto heran, wollte aber aus unerfindlichen Gründen plötzlich nicht mehr weiter. Wie ein störrischer Gaul. Sein stolzer Besitzer legte die Stirn in Falten, ging mit einer Kurbel nach vorn, steckte sie unter dem Kühler in einen Zapfen und drehte sie gewaltig im Uhrzeigersinn. Dieses fleißige Tun war von ruckartigen Rumpfbeugen begleitet. Sofort ratterte etwas im Innern, und der ganze Wagen geriet in konvulsivische Zuckungen. Doch nach kurzer Zeit erstarb das aufflackernde Leben, und die Kurbel mußte erneut angesetzt werden.
Nachdem sich dieser bedenkliche Vorgang ein paarmal wiederholt hatte, steckten wir drei Lausbuben unsere Kreisel in die Tasche, weil der Wachtmeister Gulden mit seinem krummen Säbel nahte.
Vorsichtshalber pirschten wir uns auf die andere Straßenseite. Ein Bauer, der dort aus dem ›Rebstöckle‹ trat, sagte kopfschüttelnd: »Deescht emol ebbes! Also wenn i an meine Gäul romtriebla mießt, aib se laufet!« Nach einer Weile formulierte er abschließend ein vernichtendes Urteil: »'s isch no nie nex Nuis nex gwä!«
Der Metzger Lauppe, der mit einem langen Messer in der Hand samt seiner Kundschaft den Laden verlassen hatte, äußerte sich viel optimistischer: »Leit, ihr werdet seha, dees dauert keine fenf Stond meh, bis der Karra lauft!«
Da waren wir Buben doch sehr viel bescheidener. Wenn wir von unserem Taschengeld fünfzehn Pfennig

erübrigen konnten, gingen wir zum Strähle in die untere Hauptstraße und mieteten ein Fahrrad für eine halbe Stunde.
Natürlich brachten die Anfänger, die erst einmal einige Stürze überstehen mußten (denn nicht alle Fahrräder hatten einen Freilauf), ihr Vehikel oft in bös ramponiertem Zustand zur Firma Strähle zurück. Dort brummte man höchstens ein bißchen und behob den Schaden mit viel Fleiß und Geschick. Kein Wunder, daß der kleine ›Paule‹ diese technische Begabung erbte und später ein so ausgezeichneter Flieger wurde.

4

Es heißt, der wilhelminische Staat sei ein Polizeistaat gewesen. Vielleicht gab es örtliche Unterschiede. Sicher ist, daß wir Kinder die Polizei, die sich seitdem wesentlich gewandelt hat, nicht als unseren Freund und Helfer empfanden.
Daran waren aber in erster Linie die nichtuniformierten Erwachsenen schuld. Denn selbst bei winzigsten Verstößen gegen irgendeinen durch die Länge der Zeit geheiligten Brauch – beispielsweise wenn man in der Kirche während des Gottesdienstes von der Empore auf eine der anwesenden Glatzen eine kleine Papierkugel hinabfallen ließ, weil sie dort so schön hüpfte –, tönte aus dem Mund eines Erwachsenen das ständig wiederkehrende »Wart, i sag's dr Polizei!«
Es ist also nicht verwunderlich, daß wir Buben jeden Polizisten als potentiellen Strafvollzieher betrachteten,

der nur darauf lauerte, uns bei einer Tat zu erwischen, die ›etwas außerhalb der Legalität‹ lag.

So wichen wir den Hütern der öffentlichen Ordnung aus, wo wir konnten, und wir wußten eine Menge Schleichwege, falls wir noch nicht zu Hause waren, bevor die Betglocke abends ausgeläutet hatte. Denn das alte Schorndorf hatte zwischen den Häusern mancherlei Gärten und Winkel, die sich als Fluchtwege eigneten. Immerhin war es eine der Hauptaufgaben der Polizei, Kinder und Jugendliche abends von der Straße zu fegen.

Ließ es sich aber einmal nicht vermeiden, an einem Polizisten fast auf Tuchfühlung vorbeizugehen, dann bemühten wir uns, ein dummes Gesicht zu machen. Allzu deutliche Klugheit wirkt aufdringlich, in einem Polizeistaat vollends ist sie geradezu verdächtig.

Nicht einmal bei einem Leichenzug, der sich zum Friedhof bewegte, blieben wir Buben längere Zeit am Straßenrand stehen. Denn an der Spitze marschierte voll Würde ein behelmter Polizist. Warum eigentlich? Wir lebten doch in einer braven Zeit und in einer braven Stadt: Niemand wollte sich mit Banditen zusammenrotten, niemand wollte einen Mitbürger auf offener Straße umbringen, niemand wollte ein Mädchen überfallen. Es war einfach so, daß sich nichts Bedeutsames vollziehen durfte, ohne daß der Staat in Erscheinung trat.

Sicher ist, daß wir Buben immer und überall, wo wir einen Polizisten erblickten, ein schlechtes Gewissen hatten. Doch im Grunde waren die Ordnungshüter gar nicht so schlimm, und manchmal wich die strenge Amtswürde gesundem Humor.

Als ich noch ein kleiner Abc-Schütze war, holte sich

meine Mutter ein Dienstmädchen aus dem Mainhardter Wald. Es war die ›schwarze Mina‹, ein Urbild vitaler Weiblichkeit.

Da sie viele Geschichten wußte, die schön schaurig den Rücken hinabrieselten, trieb ich mich häufig bei ihr in der Küche herum. Die Mina konnte schaffen wie ein Roß, wollte aber auch die Verbindung mit der Außenwelt nicht verlieren. Daher lief sie des öfteren zu einem Fenster im Flur, wenn sie hörte, daß jemand durch den Torbogen kam.

So zog sie mich an einem meiner freien Nachmittage zu ihrem Beobachtungsposten, als von der gepflasterten Tordurchfahrt her zweifacher Männerschritt erscholl. Es bot sich ein nicht ungewohntes Bild: Der gewichtige Wachtmeister Gulden führte einen verdächtigen Zeitgenossen nach hinten, wo das Gefängnis lauerte.

»Den muß i vrwischa, wenn 'r z'rückkommt«, sagte die Mina, als sie wieder in der Küche werkte. Und mit den Ohren war sie immer noch draußen.

Richtig: Der Hüter der Ordnung befand sich bald auf dem Rückweg, diesmal allein. Die Mina rannte mit mir wieder zum Fenster. »Herr Wachtmeischter«, rief sie hinunter, »was hat denn der a'gstellt?«

Herr Gulden verhielt den Schritt: »Mädle, wenn d' mr hoch ond heilig versprichscht, daß niemand was erfährt . . . Also der Kerle hat en dr Kirch aus 'm G'sangbuch en falscha Vers g'songa.«

Sprach's und entwich durch den Torbogen.

Aber auch in meiner Tübinger Studienzeit bewies ein Vertreter der Obrigkeit menschliches Verständnis.

An einem lauen Sommerabend begegnete ich auf der Neckarbrücke einer Studentin, die ich flüchtig kannte.

Ihre Eltern wohnten in Tübingen, waren aber heute in Stuttgart im Theater, wie sie mir freundlicherweise sofort mitteilte. Wir konnten also noch ein bißchen auf und ab gehen und plaudern.
Nach einiger Zeit stiegen wir die Treppe zur Platanenallee hinunter und pilgerten dort hin und her wie einst die Peripatetiker in Athen.
Da es aber peinlich ist, wenn man dabei dann und wann denselben Menschen mit denselben teils überraschten, teils neidischen Blicken begegnet, schoben wir uns etwas abseits auf die Bank im ›Seufzerwäldle‹. In dieser lauschigen Verborgenheit unterhielten wir uns über Probleme der (damals) modernen Jugendbewegung, wunderten uns miteinander, daß die blaue Mauritius so teuer sei, und ich freute mich, daß sie sogar die Stuttgarter Kickers kannte. Jedenfalls waren wir, an heutigen Gepflogenheiten gemessen, geradezu widerlich anständig. Zugegeben: An der Hand hielten wir uns, aber nur, um in der Finsternis sicher zu sein, daß das andere noch da sei.
Doch das Unglück naht nicht immer auf leisen Sohlen. Als ich ihr eben vom Torwart Götz erzählte, trapste jemand mit schweren Stiefeln in unser buon retiro herein und ließ eine Taschenlampe aufblitzen. Ich wollte empört auffahren. Da ertönte aus dem Dunkel eine schwäbische Stimme: »Bleibet Se sitza, bleibet Se sitza! I ben d' Polizei. I muß Sie beide aufschreiba!«
»Aber höret Se«, wehrte ich mich, »mir beide sitzet doch do wie en dr Kirch!«
Der Polizist war ein scharfer Beobachter: »Dees scho, dees scho! Jetzt wenigschtens ond abg'sehe von de Händ. Aber dees isch net 's Wesentliche. Leset Sie eigentlich kei Zeitong?«

»Doch, doch«, versicherte ich, »wenn au net jeden Dag.«
»Also geschtern isch krottebreit en dr ›Tübinger Chronik‹ g'standa, daß ›wegen der vielen unsittlichen Delikte‹, die es in letschter Zeit do onda geba hat, ›die Platanenallee samt dem Seufzerwäldle nach zehn Uhr abends nicht mehr betreten werden darf‹. Ond jetz isch halb elfe! Also wie sind Ihre Nama?«
»Dees könnet Se doch net mache«, behauptete ich, »so dürfet Se doch dees Mädle net bloßstella! Die wohnt nämlich hier bei ihre Eltern. Wisset Se, was? Schreibet Se mir die doppelt Strof auf! Mir macht's nix.«
Da steckte der Hüter des Gesetzes das Notizbuch weg. »Alle Achtong! 's gibt doch au heutzutag no Kavalier. Also i will halt nomol beide Auga zudrucka.«
Da soll einer sagen, die Polizisten hätten kein Herz! Allerdings war das bereits in der Zeit der Weimarer Republik.

5

Auch das gegenseitige Verhältnis der Geschlechter hatte in der wilhelminischen Zeit seine feste Ordnung. Bis zum schulpflichtigen Alter machten gleichaltrige Buben und Mädchen ihre Spiele oft miteinander. Nur sah man eben bei Laufspielen die Mädchen gern bei der Gegenpartei, weil sie sich wegen ihrer Röcke nicht so rasch bewegen konnten.
Von da an bis hinter die Konfirmation herrschte strenge Trennung der Geschlechter. In erster Linie beim Baden. Durchbrach einmal ein Bösewicht oder eine Bösewichtin dieses eiserne Gesetz, so wurde das sündige Subjekt

nicht selten beim Herrn Dekan angezeigt. Dort erfuhr es, daß ihm die ewige Verdammnis sicher sei, falls es in seiner Verworfenheit weitermache. Eine zwangsläufig folgende Benachrichtigung der Eltern pflegte sich schmerzhaft auszuwirken.

Selbstverständlich gab's auch in der Volksschule, die alle Kinder dreieinhalb Jahre lang besuchen mußten, keine Koedukation. Hernach wurde die Masse der ›höheren Töchter‹ in die Mittelschule bugsiert, und nur vereinzelte Exemplare der weiblichen Spezies wagten die Aufnahmeprüfung in die Real- oder Lateinschule. Dort blieben sie aber im wesentlichen unter sich, weil die Buben sich teuflisch davor hüteten, als ›Mädlesschnupperer‹ verschrien zu werden.

Eine Ausnahme bildeten lediglich die fünfzehn- bis sechzehnjährigen Herren Kerle der Abschlußklasse, die schon Stimmbruch hatten. Sie sammelten sich während der Pausen im stolzen Schmuck ihrer weißen Klassenmützen an einer besonderen Ecke des äußeren Schulhofs und warfen vorübergehenden Mädchen muntere Blicke zu. Falls diese erröteten, stellten sie mit stolzer Kennermiene fest, daß das betreffende Mädchen offenbar schon ›so weit‹ sei. Wie weit, wußten wir Jüngeren nicht. Es war uns übrigens egal.

Nur bei Ausflügen mit befreundeten Familien mußten wir die Mädchen bei uns dulden. Wenn sie so sportlich waren, daß sie unterwegs – auch bei Spielen – nicht schlapp machten, waren wir gnädig genug, ihnen unsere Achtung nicht zu versagen. Aber im Grunde bewunderten wir an ihnen nur männliche Tugenden.

Unter dem Einfluß religiöser Vorstellungen gewisser Völker war auch in unserer Gesellschaft die ›Fleischeslust‹ als etwas höchst Verwerfliches abgestempelt wor-

den. Wir Buben wurden im Religionsunterricht immer wieder davor gewarnt, obwohl wir gar nicht genau wußten, wovon der Pfarrer eigentlich sprach. Vielleicht meinte er, wir sollten nicht so genau hinschauen. Denn die meisten Mädchen trugen im Vorschulalter noch keine Höschen. Setzten sie sich also ungeschickt hin, konnte man mit verstohlenem Blick und anerzogen schlechtem Gewissen feststellen, daß bei ihnen etwas fehle. Doch dieses Mangelgefühl verlor sich bei uns in späteren Jahren.
Als ich im August 1914 mit einem Freund auf dem Schurwald bei einer Bauernfamilie arbeitete, stieg einmal eine Bauernmagd mit hochgesteckten Röcken vor uns die Leiter zum Heuboden hinauf. Weil sie unten ›ohne‹ war, gab es für uns eine recht haarige Überraschung. In unserem kindlichen Unverstand hielten wir das zunächst für eine Abnormität. Da sich aber später in ähnlichen Fällen dasselbe Bild bot – wenn auch in wechselnden Abtönungen –, merkten wir, daß wir etwas dazugelernt hatten. Allerdings behielten wir unser Wissen aus Angst vor Reaktionen Älterer für uns.
Ein neidischer Mensch könnte natürlich sagen, wir hätten eben wegschauen müssen. Aber erstens macht der Erkenntnistrieb den Menschen erst zum Menschen; und zweitens wurde uns im Religionsunterricht immer wieder eingeprägt, der gute Mensch richte seinen Blick stets nach oben.

›Ersteres wird gern geübt,
weil es allgemein beliebt . . .‹

So schrieb Wilhelm Busch frohen Herzens, aber er schrieb es für die Erwachsenen und wurde dieserhalb von manchen besorgten Zeitgenossen als eine Art Natter am Busen der bürgerlichen Moral betrachtet. Die heranwachsende Jugend sollte sich höchstens an ›Max und Moritz‹ ergötzen und vor allem aus ihrem schlimmen Schicksal lernen. Was aber nach Wilhelm Busch so ›gern geübt‹ wird, mußte für die ›unreife Jugend‹ ein Geheimnis bleiben wie das verschleierte Bild von Sais. So wurden wir auf diesem Übungsgelände später notgedrungen Autodidakten. Aber schließlich lernt man gewisse Fertigkeiten in ihrer Vielfalt bei nachdrücklicher Partnerhilfe spielend von selbst.

6

»Auf – ab – auf, i-Dipfele drauf!« So fing bei uns die Schule an.

Sorgsam und systematisch fügte sich Steinchen an Steinchen, bis endlich das Ganze sichtbar und faßbar wurde: eine Methode, für die man gegenwärtig höchstens ein verächtliches Lächeln zu erübrigen vermag. Nur hatte sie eben Erfolg und machte uns Spaß. Woraus man schließen muß, daß wir Schorndorfer Buben unnormal veranlagt waren.

Unser erster Lehrer war es jedenfalls nicht. In seiner väterlich-geduldigen Art verstand er es vorzüglich mit uns 64 (!) kleinen Burschen. Er fand auch sofort heraus, daß der Größte unter uns Kurz hieß und der Kleinste Lang. So war unser Schülerdasein fortan eingespannt zwischen den langen Kurz und den kurzen Lang.

Leider wurde Herr D. zwei Jahre später nach Esslingen versetzt. Sein Nachfolger war strenger. Er übernahm

nach dem dritten Schuljahr auch den halbjährigen ›Vorbereitungsunterricht‹ für die künftigen Real- und Lateinschüler.
Da er ziemlich dick war, schwitzte er an Sommertagen ganz entsetzlich. An besonders heißen Nachmittagen gab er uns gewöhnlich ›Schönschreiben‹, weil er dann nur manchmal zwischen den Bankreihen auf und ab zu gehen brauchte. Dabei kassierte ich auch meine einzige ›Tatze‹ während der Volksschulzeit. Nachdem nämlich der Karle Schwarzkopf neben mir 46mal das Wort ›Bamberg‹ in sein Heft gemalt hatte, ließ er beim nächsten ›Bamberg‹ absichtlich hinten das g weg. Das wäre nicht schlimm gewesen. Aber ich Dummkopf lachte darüber.
Wohlausgerüstet mit grammatikalischen Kenntnissen (wir kannten schon das Plusquamperfekt und das Futurum exactum) traten wir zur Aufnahmeprüfung an und wurden nachher von den erfreuten Müttern als Minisieger nach Hause geleitet. Sie ermahnten uns freilich, wir dürften uns wegen des guten Ergebnisses nicht überschätzen.
Dafür sorgte schon das erst kurz zuvor für die sechsklassige Real- und die fünfklassige Lateinschule errichtete Gebäude. Denn es war an sich schon ein Abbild wilhelminischer Ordnung. Frühmorgens betrat der Herr Rektor in der Haltung eines Reserveoffiziers das Haus durch ein großes Portal, nicht ohne dieses wieder sorgsam hinter sich abzuschließen.
Der übrige Lehrkörper schleuste sich durch eine Tür normalen Ausmaßes ins Innere.
Die Masse der Schüler aber wurde zunächst außen aufgestaut und mußte sich dann durch ein schmales Turmpförtchen zwängen, an dem der Hausmeister wie ein

Zerberus lauerte, um jedem die Mütze vom Kopf zu fegen, der seine Schuhe nicht richtig geputzt hatte.
So lernten wir schon in jungen Jahren, was ein umgekehrtes Verhältnis ist.
Auch während der Unterrichtsstunden herrschte strenge Zucht, und die Strafen nahmen einen breiten Raum des Gesamtunterrichts ein.
Am harmlosesten, weil nicht mit Schmerzen verbunden, war der Arrest. In dieser Beziehung war ich nur einmal der Leidtragende. Ich wußte als elfjähriges Bürschchen im Religionsunterricht, den der Klassenlehrer erteilte, nicht mehr im einzelnen, wozu die Heilige Schrift nütze ist. Zwar fing ich immer wieder von vorne an und brachte auf diese Weise auch die nötige Punktzahl zusammen. Aber der Reallehrer war anderer Ansicht und sperrte mich am Nachmittag ein.
Doch meine Gefangenschaft war von kurzer Dauer. Ich wurde nämlich zu einer anderen Klasse gesetzt, und vor mir saß da ein Mädchen, das sich mit schadenfrohem Lächeln zu mir umdrehte: »So, Robertle, hascht Arrescht?!« Solche Worte spornen zu beschleunigter Tätigkeit an.
Daher konnte ich zehn Minuten später schon wieder die Luft der Freiheit atmen.
Körperliche Züchtigung würzte die meisten Unterrichtsstunden. Der Normallehrer prügelte viel, der unnormale sehr viel. Sparsame Schläger waren selten.
Das Hinterteil der wenigen Mädchen war allerdings sakrosankt, durfte also weder mit der Hand des Lehrers noch mit seinem Stock in Berührung kommen. Denn das wäre unsittlich gewesen.
Im ganzen konnten sich Geschäftsleute, die Bambusstöcke führten, über den Absatz nicht beklagen. Die

Stöcke sahen oft schon nach kurzer Zeit am vorderen Ende wie Rasierpinsel zweiter Güte aus und erzielten dann nicht mehr den vom Lehrer gewünschten Schmerzeffekt.
Da die meisten von uns auch zu Hause von Zeit zu Zeit ausgiebig versohlt wurden, sahen sie den schulischen Strafvollzug als nichts Außergewöhnliches an. Nur wenn ein Lehrer im Zorn zuschlug, machte er sich in unseren Augen verächtlich.
Reallehrer B. war da eine rühmliche Ausnahme. Er strafte nach einem wohlüberlegten System, wenn auch ursächlich verkehrt. Nach jeder Rechenklassenarbeit las er aus seinem Zeugnisheft die Namen der Schüler vor, die es nicht bis zur Note ›genügend‹ gebracht hatten. Die armen Versager mußten sich dann nacheinander über die vorderste Bank beugen und erhielten ihre Strafe hinterwärts in sorgfältig abgemessenen Rationen. Denn unterhalb der ausreichenden Note gab es noch vier unerfreuliche, in bodenloser Tiefe drohte ja auch die runde Null.
Da stand dann also Herr B. mit dem Zeugnisheft in der linken und dem Stock in der rechten Hand. Beugte sich beispielsweise der Fritzle über die Bank, so verkündete Herr B. nach einem Blick in das ominöse Heft: »Der hat ›ganz ungenügend‹. Gibt drei Saftige!« Dann kam etwa der Ernstle an die Reihe, der immerhin die Note ›ungenügend‹ ergattert hatte. Deshalb erhielt er bloß zwei Saftige. Zum Schluß verkündete der Reallehrer, mit sich selbst zufrieden: »Henta zählt mr z'sema.« (Hinten zählt man zusammen.)
Nach diesem doppelsinnigen Spruch begab er sich zu seinem Schrank, stellte den Stock in die Ecke und genehmigte sich einen Schluck aus seinem Mostkrügle,

das in einem Schrankfach seiner harrte. Denn jeder Arbeiter ist seines Lohnes wert.
Wir Lateiner waren im Klassenverband eine Minderheit, nur etwa ein halbes Dutzend. Fast sämtliche Fächer hatten wir gemeinsam mit den Realschülern. Allein der Lateinunterricht trennte uns zunächst. Da hatte uns paar Knirpse der Lateinlehrer in seiner Gewalt. Während der ersten beiden Jahre ein Präzeptor G. Es war ein schöner Mann mit einem prächtigen Kaiser-Friedrich-Vollbart. Von turnerischen Leistungen hielt er eine ganze Menge – zum Glück für mich und meinen Freund, den Karle Weckert, dessen Vater nebenher die Turnhalle verwaltete. Sooft wir konnten, schlichen wir in die freie Halle und fühlten uns inmitten der Barren, der Reck- und Kletterstangen und der Ringe wie im Vorhof zum Paradies. Die Künste, die später im Turnunterricht von uns verlangt wurden, beherrschten wir zumeist schon vorher, und als Leichtgewichte schafften wir zwölf Klimmzüge mit Ober- und fünfzehn mit Untergriff ohne übermäßige Anstrengung.
Wegen unserer privaten Vorübungen waren wir auch an den eisernen Kletterstangen nicht zu schlagen. Gewöhnlich erreichten wir beide oben gleichzeitig den Anschlagrahmen. Präzeptor G. stand dann unten, strahlte und strich sich den Vollbart: »Do gucket, die zwei! Die kletteret nauf wie d' Schwanzaffa.«
So erfuhren wir schon in jungen Jahren, wer unsere näheren Verwandten seien.
Da mir aber auch die lateinische Grammatik in ihrer logischen Klarheit keine besonderen Schwierigkeiten bereitete, überstand ich die beiden Jahre bei Präzeptor G., den hauptsächlich die schlechteren Turner fürchteten, völlig intakt.

Mit der dritten Klasse öffnete sich uns eine neue Tür. Wir durften jetzt Französisch lernen, und wir lernten es gern, zumal unser Professor B. eine einwandfreie Aussprache hatte. Hinzu kam, daß er sich stets um ein überaus gewähltes Hochdeutsch bemühte. Zudem sparte er nicht mit Worten der Anerkennung und war für uns deshalb einfach ›der Lob‹.

Zwar konnte er irgendwelche Unarten mit den Worten rügen: »Du bekommst eine Tatze aus dem Salz, daß die Funken sprühen!« Aber bis er zur Tat schritt, war sein Zorn schon wieder verraucht.

Viel lieber kleidete er einen Tadel in wohlgeformte Worte. Wenn er einen beim Abschreiben erspähte, rief er ihm zu: »He, du da drüben! Pflüge nicht mit fremdem Kalbe!« Wußte einer wenig, erhielt er die Aufforderung: »Hock dich hin!« Konnte einer aber gar nichts, hieß es: »Hock dich hin! Du bist verachtet.«

Keiner von uns nahm das wörtlich.

Professor B. unterrichtete uns auch im Rechnen und in der Erdkunde. In diesen Fächern waren wir mit den Realschülern brüderlich vereint, und das Klassenzimmer war gerammelt voll. Wenn aber der Regen gegen die Fenster klatscht, kann man sie nicht öffnen. Außerdem kommt im Remstal jedes Jahr die Zwetschgenzeit. So war die Luft einmal, bevor Professor B. zum Erdkundeunterricht einlief, nicht ganz abgasfrei. Im Gegenteil, man hätte richtige Oktaeder herausschneiden können. Da betrat Professor B. das Zimmer und schnupperte. Doch nicht einmal in dieser Situation verlor er die Fähigkeit zu gewählter Diktion. Er zog die Nase kraus, hob den rechten Zeigefinger und tadelte: »Da hat aber einer ein böses Räucherwerk in die Lüfte gesandt.« Dann fuhr er auf den Nächstbesten los: »Grill, du

Stinkbock! Geh zur Tür und schwenke sie sechsmal hin und her!«

Wir hatten ihn gern, unsern Professor B., samt seinen skurrilen Sprüchen.

Ganz anders trat unser Deutschlehrer auf. Er meinte, des Geistes Kraft allein genüge nicht, und bewies während des Unterrichts auch seine große Körperstärke.

Aber selbst Schüler erleben ab und zu eine freudige Überraschung. Mit verklärtem Gesicht stürmte er eines Tages ins Klassenzimmer, eilte zum Schrank und holte den Stock heraus. Dann zerbrach er ihn wortlos über dem Knie und warf den zerstörten Peiniger in den Papierkorb.

Von unseren Eltern erfuhren wir später den Grund: Der Germanist war vor kurzem in den Stand der Ehe getreten, und seine Frau hatte ihm das Prügeln grundsätzlich verboten.

So lernten wir schon in jungen Jahren die tiefe Wahrheit des Goethe-Worts ›Das Ewigweibliche zieht uns hinan‹.

Es gibt Menschen, die auf Deutschlands Hohen Schulen alte Sprachen studiert und damit humanistische Ideale kennengelernt haben, die aber dennoch ungebildete Machtprotzen geblieben sind. Denn nur wer sich durch ein bestimmtes Bildungsgut formen läßt, ist gebildet.

Wem aber die alten Sprachen reines Wissen geblieben sind, der sollte zum mindesten nicht den Lehrberuf ausüben. Oberpräzeptor Dr. R. tat es trotzdem. Er drillte uns in Latein und Geschichte, und von der vierten Klasse an kam noch Griechisch dazu. Das war nahezu die Hälfte des Wochenstundenvolumens. Wir sieben Lateiner waren ihm also mit Haut und Haaren ausgeliefert.

Die Natur hatte ihn mit einer prächtigen Muskulatur gesegnet. Leider! Denn er war von Kopf bis Fuß auf Hiebe eingestellt. Gewiß, wir lernten bei ihm viel, sogar sehr viel. Aber unser Wissen war ein Lohn der Angst.
Jeden Tag begann der Unterricht mit seinen gefürchteten Stunden. Immer saßen wir beklommen da und horchten auf seine drohend nahenden Schritte. Denn die Tür mußte aus akustischen Gründen geöffnet bleiben, damit wir gleich emporschnellen konnten, wenn der Gefürchtete das Zimmer betrat.
Es kam vor, daß schon vor dem Beginn des Unterrichts sein Schreckensruf »Komm heraus!« erscholl. Dann eilte er zum Schrank und riß den Stock heraus. Der Übeltäter – genauer gesagt: der, den er dafür hielt – wurde regelmäßig barbarisch verdroschen. Nicht nur einmal erlebten wir, daß er noch auf einen unserer Kameraden einschlug, während sich dieser vor Schmerzen am Boden wand.
Nach einer derartigen Prügelei erzählte er uns immer wieder, daß Gottes Mühlen langsam mahlen, dafür aber trefflich fein.
So lernten wir schon in jungen Jahren, daß ein Lateinlehrer, falls er prügelt, ein Stellvertreter Gottes ist.
Es war durchaus nicht mein Verdienst, daß ich nicht zu den also Geschlagenen gehörte. Denn Dr. R. machte wie Reallehrer B. den schweren pädagogischen Fehler, wegen mangelhafter Leistungen zu prügeln. Außerdem saß ich bei ihm in der vordersten Bank und mußte mich deshalb notgedrungen anständig benehmen.
Aber einmal erwischte es mich doch. Es war in der vierten Gymnasialklasse.
An einem trüben Herbstmorgen stürzte Dr. R. wütend

ins Klassenzimmer herein, lief zum Schrank und riß den Stock heraus. Ich war fassungslos, als er mich anschrie: »Komm heraus!« Die Verblüffung wuchs, wie er meine Kameraden anbrüllte: »Und ihr kommt alle auch noch dran!«

Dr. R. beherrschte eine ganze Skala von Züchtigungen. Die schlimmste nannten wir nach ihrer Rangordnung ›die Superlativ-Strafe‹, nach ihrer Dichte die ›Maschinengewehr-Methode‹. Das bedeutete, daß Dr. R. mit raschen, kräftigen Stockschlägen hinten am Hals des Missetäters anfing und in fortgesetzter Kleinarbeit über seinen Rücken bis zu den Kniekehlen kam. Daran schloß sich ohne weitere Kunstpause eine zweite ›Lage‹ in umgekehrter Richtung bis zum Hals zurück. Und weil die Dreizahl von allen Völkern stets als etwas Besonderes angesehen wurde, wanderte der Stock noch einmal bis zu den Kniekehlen hinunter.

Ich habe mich damals genau beobachtet: Die erste ›Lage‹ tat abscheulich weh, die zweite noch mehr, aber die dritte empfand ich kaum. Ich hatte den Eindruck, daß meine Hinterfront fast gefühllos geworden sei. In meinem Bubentrotz heulte ich nicht, als ich mich wieder setzen durfte.

Doch mein Triumph dauerte nicht lange. Mein Nebensitzer, der nach mir traktiert wurde, war ein großer, breiter Bursche. Aber er behauptete, weil er rothaarig sei, habe er eine überempfindliche Haut. Jedenfalls taten ihm die Hiebe entsetzlich weh. Vergeblich versuchte er immer wieder, den niedersausenden Schlägen auszuweichen. Dabei veränderte sich aber sein Standort. So kam es, daß Dr. R. beim Ausholen nach hinten einen herabhängenden Beleuchtungskörper zertrümmerte.

Das erfüllte mich schamloserweise mit boshafter Schadenfreude. Der Prügelmeister zeigte jedoch wenig Verständnis für mein infames Grinsen und schlug noch einmal auf mich ein, während ich dasaß. Das tat wieder ordentlich weh, weil er in ein Gelände eindrang, das vorher unbeackert geblieben war.

Und dann kamen die andern dran, schön der Reihe nach – oder deinceps, wie der Lateiner sagt.

Erst nach dieser Exekution erzählte uns der Oberpräzeptor, was ihn dazu bewogen habe. Dr. Schobeß, dem er tags zuvor in Waiblingen auf dem Bahnsteig begegnet sei, habe ihn lachend gefragt, ob er auch wisse, daß wir hinten herum Witze über ihn machten. Aber bekanntlich bleiben die besten und wohlwollendsten Vorgesetzten nicht davon verschont. Dieses Ventil sollte man jedem gönnen, der in einem Abhängigkeitsverhältnis steht.

Wer aber humorlos ist, darf nicht Lehrer werden.

Wenn einer von uns in der Schule solche Hiebe bekommen hatte, daß man beim Baden seine Striemen sah (sie waren zuerst rot und wurden später blau), war er für alle anderen tabu. Niemand hänselte ihn, niemand belästigte ihn, niemand forderte ihn zum Ringkampf heraus. Er gehörte zu den Mühseligen und Beladenen dieser Welt und wurde als solcher geachtet. Wir Buben hatten eben auch unseren Ehrenkodex.

Als wir nach jenem Prügel-Vormittag auf dem Badeplatz erschienen, war's nicht anders. Selbst die Älteren machten uns Platz. Wir kamen uns vor wie die heiligen Kühe in Indien.

Man wird heute fragen, was die Eltern gegen eine derartige Barbarei unternahmen. Die Antwort ist kurz: Sie taten nichts. Manche waren sogar froh, wenn ihr, wie sie meinten, ungeratener Sprößling in der Schule gehörig verdroschen wurde. Das erleichterte ihnen schon die eigene Erziehungsarbeit. Ja, es gab sogar einige, die den Klassenlehrer ermunterten, nur ja ›recht streng‹ zu sein. Sie selbst hätten in ihrer Jugend auch Schläge bekommen. Und gerade darum sei ›etwas‹ aus ihnen geworden.

Aber auch mein Vater, der anderer Auffassung war, dachte nicht daran, Dr. R. zur Rede zu stellen. Er gab zwar zu, diese Prügelei gefalle ihm gar nicht, doch wenn er etwas unternähme, ginge der ›Schuß hinten hinaus‹, das heißt: Ich bekäme das in der Schule zu spüren. Außerdem dauere es ja auch keine Ewigkeit, bis wir von diesem ›engstirnigen Choleriker‹ befreit seien. Für fast alle Eltern aber war der Lehrer ein Willensträger des Obrigkeitsstaats und schon deshalb unantastbar.

7

Christliche Erziehung und christliches Leben waren in der wilhelminischen Zeit eine selbstverständliche Forderung. Aber in der Auffassung und in der Ausübung gab es beträchtliche Unterschiede. Wir Kinder standen mitten in diesen Spannungen. Wir wußten nichts von der Relativität alttestamentlicher, örtlich gewachsener und verfestigter Vorstellungen. Die Bibel war für uns eben die Bibel, das Buch der Bücher, von der ersten bis zur letzten Seite eine Offenbarung und damit jeder Kritik entzogen. Doch Kinder beobachten genau. Wir sahen also die Gegensätze unter den Erwachsenen, obgleich wir sie damals nicht ganz begriffen.

Jede Familie hatte ihre eigene christliche Note. Auch mein Vater besuchte regelmäßig sonntags den Gottesdienst. Die Kirche war für ihn wohl in erster Linie ein unentbehrlicher Ordnungsfaktor.
Aber zu Hause berührte er religiöse Themen nicht. Sein Christentum äußerte sich anders. Er war ein untadeliger und gewissenhafter Beamter. Manchmal brannte das Licht schon um sechs Uhr morgens in seiner Kanzlei. Auch meine Mutter, eine stille, ungemein fleißige Frau, wirkte vor allem durch ihr Vorbild. Ihre Mahnungen blieben stets unaufdringlich.
Beiden aber waren starke oder gar ekstatische Gefühlsaufwallungen zuwider. Ausdrücke wie ›phantastisch‹ oder ›phänomenal‹ gehörten nicht zu ihrem Wortschatz. Sehr schnell empfand mein Vater etwas als ›unnatürlich‹ oder ›unvernünftig‹ und lehnte es ab.
Meine Mutter freute sich ganz besonders, wenn es ihr bis zum Ende eines Monats gelungen war, von dem knapp bemessenen Haushaltungsgeld einen kleinen Teil für ihr ›Armenkäßle‹ abzuzweigen. Zuweilen mußte ich mit einer warmen Suppe zu Leidenden gehen, die ohne Hilfe daheimlagen. Denn es gab viel bittere Not in der wilhelminischen Zeit. Die dunklen Eingänge in Hinterhöfen, die ausgetretenen, knarrenden Holztreppen, der süßlich-dumpfe Armeleutegeruch: das alles kam mir geheimnisvoll-romantisch vor.
Zwischen dem eigentlichen Schloß und dem ehemaligen Jagdschloß lag das ›Bandhaus‹, in dem sich auch ein paar Gefängniszellen für leichtere Fälle befanden. Ganz selten war auch ein Jugendlicher darunter, der einige Tage absitzen mußte.
Dann richtete mir meine Mutter ein doppeltes Butterbrot und gab mir noch Äpfel mit. Ich selbst holte mei-

nen Baukasten oder ein Bilderbuch und zog ab. Doch jedesmal bekam ich die Mahnung auf den Weg, den armen Sünder ja nicht zu fragen, was er angestellt habe. Der alte Herr Gamer, der unter anderem die Aufsicht über diese Gefängniszellen hatte, gab seinem Herzen regelmäßig einen Stoß und schloß mich für eine Stunde mit dem Gefangenen ein.

Irgendeinmal war's ein junger Zigeuner. Wie ich ihm das Butterbrot und die Äpfel gab, fing er an zu heulen. Was sollte ich tun? Ich heulte eben mit, und dann spielten wir miteinander.

Es gab eine gewisse muffige Art christlichen Schrifttums. Meinem Vater waren selbst die ›Palmblätter‹ des einstigen Oberhofpredigers Gerok zu süßlich. Als mir eine ältere Dame diesen Gedichtband zur Konfirmation schenkte, witzelte er hernach darüber, sie hätte lieber einem Konfirmanden aus Kamerun einen Gehrock von Palmblättern schenken sollen.

Er liebte eine unaufdringlich erzieherische Literatur, deren Ernst durch humorvolle Darstellung viel von seiner Schärfe verlor.

So las er oft abends im Kreise der Familie, die sich dabei mit Linsenlesen, Bohnengipfeln, Sockenstopfen und ähnlichem beschäftigte, aus Fritz Reuters Werken vor – teils im plattdeutschen Urtext, den wir bald mühelos verstanden, teils in hochdeutscher Bearbeitung. Den tiefsten Eindruck hinterließ bei mir damals ›Ut mine Festungstid‹. Ich kleiner Knirps bedauerte nur, daß ich nicht seinerzeit gelebt hatte. Sonst hätte ich den Bösewichtern, die den armen Fritz Reuter von Gefängnis zu Gefängnis schleppen ließen, sicher unterwegs ein Bein gestellt oder wenigstens einen Reißnagel auf den Stuhl gelegt.

Die Zahl buchstabengläubiger Bibelchristen, die den Willen Gottes immer ganz genau kennen, war damals gewiß größer als in unseren Tagen. Ihre Unduldsamkeit hatte unser Vater in Sontheim a. d. Brenz erfahren. Dort waren nämlich die Strenggläubigen überzeugt, daß seine Eltern nicht den rechten Glauben hätten. Zwar bildeten sie im Dorf nur eine kleine Minderheit, vertraten ihre Ansichten gegen den Pfarrer Kieser aber mit zelotischer Hartnäckigkeit. Dieser wiederum war der verdächtigen Meinung, daß es gar nicht so sehr darauf ankomme, was der Mensch an Verborgenem für wahr halte. Viel wesentlicher sei, wie er sich seinen Mitbürgern gegenüber benehme.

Unser Vater erzählte oft lachend von den seltsamen Geschichten um unseren Großvater. Als mich meine Eltern im Sommer 1912 nach Sontheim mitnahmen, wurden sie bestätigt und ergänzt durch den Sohn des ›Langenbauern‹, der immer zu seinem Pfarrer gehalten hatte.
Jede Woche ging der Großvater, wie es hieß, mindestens einmal abends ins Wirtshaus, um von den Anliegen und Sorgen der Bauern zu hören. Falls man sich dem Kartenspiel widmete, durfte nicht um Geld gespielt werden, und jeder mußte sich davor hüten, allzu gotteslästerlich zu fluchen.
Als einmal eine fröhliche Runde friedlich beisammensaß, stürmten vier Strenggläubige herein, drängten sich an des Großvaters Tisch, und der vorderste sprach mit mißbilligendem Blick auf die Spielkarten also: »Herr Pfarrer, jetzt kommet Se ons nemme naus. Hat Bileams Esel im Alten Testament g'sprocha? Ja oder nei!« Der legte seine Karten hin und wandte sich an alle: »Also

höret emol her! Ob seinerzeit bei dene alte Juda a Esel g'schwätzt hat, könna mir jetzt nemme feststella. Aber daß es heutzutag a ganze Menge Esel gibt, die viel z'viel schwätzet, dees wissa mr gwieß!«
Der Herr Pfarrer neigte aber auch sonst zu undoktrinärem Verhalten. Zum Beispiel einmal bei einem schweren Gewitter. Jedermann weiß, daß das Vieh dann unruhig wird. Da außerdem Blitzschlag nie ausgeschlossen ist, sollten Helfer in der Nähe der Tiere sein.
An einem Sonntagmorgen, als die Bauern und Bäuerinnen schon in der Kirche saßen, zog von Westen eine kohlschwarze Gewitterwand herauf, und gerade, nachdem mein Großvater die Kanzel erklommen hatte, zuckte ein greller Blitz herab, dem sofort ein gewaltiger Donnerschlag folgte. Da hörte man von der Kanzel herab folgende Worte: »Wenn unser Herrgott so laut spricht, müssen wir Menschen schweigen. Amen!«
Nach dieser Kurzpredigt stieg der Herr Pfarrer von der Kanzel herab. Von seinen Bauern und Bäuerinnen aber sah er nur noch die Absätze.
Mein Großvater war zwar ein friedlicher Christ. Doch vom Recht der Selbstverteidigung hielt er trotzdem viel. Daher hatte er an seinem Stock, in dem für alle Fälle eine Degenklinge steckte, eine große Freude.
An einem Sonntagnachmittag wandelte der Herr Pfarrer durch das stille Dorf. Da hörte er aus dem Wirtshaus laute Schreie und wüstes Getöse. Weil sich aber vornehmlich ein Christ verpflichtet fühlen sollte, Frieden zu stiften, rannte er mit seinem Degenstock, den er zufällig mitgenommen hatte, zur Stätte des Unfriedens. Dort balgten sich Bauernburschen mit italienischen Straßenarbeitern, die im Nachbardorf untergebracht waren. Streitobjekt war natürlich ein Bauernmädchen

aus Sontheim. Mein Großvater versuchte es zunächst mit gewaltigem Stimmaufwand, wurde aber überhaupt nicht beachtet. Da zog er blank und schlug mit der flachen Degenklinge auf die Rücken der Streitenden. Das wirkte. Der Knäuel entwirrte sich.

Um weiteres Unheil zu verhüten, ließ der Herr Pfarrer die Italiener vor dem Wirtshaus antreten. Mit geschultertem Degen wollte er sie in ihr Dorf zurückführen. Doch die begeisterten Südländer nahmen ihn abwechselnd auf ihre Schultern und trugen ihn bis zu ihrem Quartier.

Wenn sich mein Großvater darüber ärgerte, daß Kaiser und König in das Schlußgebet nach der Predigt aufgenommen werden mußten, entsprach diese Einstellung durchaus nicht dem Geist der Zeit. Als er nach einer Eingabe an das Konsistorium (die oberste Kirchenbehörde) in Stuttgart darauf hinwies, daß vor Gott alle Menschen gleich seien (wozu also eine Vorrangstellung für die Fürsten im Gebet?), bekam er die Antwort, seine Gedankengänge seien abwegig. Pfarrer Kieser möge also gefälligst und so weiter ... und so weiter ... Daß aber auch der Kronprinz im Schlußgebet erscheinen sollte, ging meinem Großvater eines Tages doch über die Hutschnur. Und da er viel Humor besaß, leistete er sich auf der Kanzel einen lapsus linguae. Er betete also für den ›Kronbronz‹. In schwäbischen Ohren klingt das ganz abscheulich.

Folge: eine Anzeige von orthodoxer Feindseite aus christlicher Nächstenliebe.

So mußte er beim Konsistorium in Stuttgart ›vorreiten‹. Sein treuester Anhänger, der Langenbauer, ließ es sich nicht nehmen, mitzufahren und mannhaft für meinen Großvater einzutreten. Er versicherte, so einen

Pfarrer hätten sie noch nie gehabt: der sei ganz für seine Gemeinde da.
Doch diese Worte fielen großenteils auf dürres Land, ebenso die seines Pfarrers, der erklärte, erstens habe er sich noch auf der Kanzel verbessert. Zweitens habe er auch das Studium der Alten Sprachen absolviert; er könne also sagen, daß ein derartiger Ausrutscher leicht auf dem Wege einer progressiven vokalischen Assimilation zustande kommen könne. Drittens habe er seinem jüngeren Sohn (meinem Vater) ein bißchen den Hintern versohlt, weil der in der Kirche laut gelacht habe. Und viertens halte er es nicht für richtig, wenn die Kirche hohe Herrschaften bevorzugt behandle.
Trotz dieser schönen Selbstverteidigungsrede bekam er eine ziemlich dicke ›Zigarre‹ verpaßt.
Doch manche Dinge vergißt man gern und rasch. So schüttelten die beiden Sontheimer den konsistorialen Amtsstaub von ihren Füßen und pilgerten durch das schöne Stuttgart. Unterwegs hub der Herr Pfarrer an: »Wisset Se, was? Mir schlofet em ›Marquardt‹. Ond i zahl's.« Das ›Marquardt‹ war aber damals das fürnehmste Hotel der Landeshauptstadt. Dort nächtigten im allgemeinen nur ganz hohe Gäste.
Nachdem die beiden in einem gemütlichen Wirtschäftle der Altstadt ihren Durst gestillt hatten, erschienen sie voll guter Dinge im ›Marquardt‹. Der Langenbauer hatte zwar seine gute Sonntagstracht angelegt, aber das Verhalten des Obers, der an ihrem Tisch bediente, bewies deutlich, daß er den Besuch eines Bauern in diesem erstklassigen Hotel unerhört fand.
Zur Freude meines Großvaters bestellte der Langenbauer zuerst ›en Schonka‹ (einen Schinken). Verächtliche Frage des Kellners: »Was für Zeug?!« So rangierte

der Langenbauer seinen Wunsch auf ein anderes Geleis: »No brenget Se mr halt a Pfo'd Käs!«

Es war schon gut, daß sich der Herr Pfarrer im ›Marquardt‹ wieder kräftigte. Denn in diesen Tagen gab's auch noch häuslichen Kummer.

Gerade der geistige (und geistliche) Arbeiter sollte nicht einseitig werden. Im Gegenteil: Er muß das Bedürfnis haben, in immer neue Gebiete des menschlichen Daseins einzudringen. So fuhr mein Großvater frohgemut zu einer Messe nach Ulm und erlebte dort viel Interessantes.

Aber der in sich gekehrte Mensch ist leider oft recht vergeßlich. Jedenfalls fand die – übrigens sehr energische – Frau Pfarrer in den Taschen des Herrn Gemahls eine Anzahl Eintrittskarten für die verschiedenen Etablissements des Vergnügungsparks. Und da sie jedes Billet in doppelter Auflage entdeckte, zog sie mit weiblicher Logik daraus ihre Schlüsse.

So hing der Haussegen einige Wochen ziemlich schief. Und es begab sich, daß die Frau Pfarrer einen noch viel stärkeren Trumpf in die Hand bekam.

Sie stammte aus einer Gerberei und hatte etwas eigenes Vermögen. Daher leistete sie sich einmal mit einer Freundin einen Kuraufenthalt in dem teuren und mondänen Karlsbad.

Zufällig erwartete man dort in jenen Tagen die französische Kaiserin. Und wiederum wollte es der Zufall, daß die Frau Pfarrer aus Sontheim a. d. Brenz der Kaiserin Eugenie im Gesicht auffallend ähnlich war.

Sie selbst wußte das nicht und fuhr eines Tages harmlos, wie eine Pfarrfrau sein sollte, in ihrer besten Garderobe durch die Straßen des Kurorts; und die Freundin saß in dem prächtigen Landauer neben ihr.

Zu ihrem Erstaunen flogen plötzlich Blumen in den Wagen, und das Volk jubelte ihr zu.
Natürlich erzählte sie nach ihrer Rückkehr voll Stolz, man habe sie für die Kaiserin Eugenie gehalten und ihre Freundin für ihre Hofdame.
So war das eheliche Gleichgewicht eine Zeitlang gestört, und die Waagschale unseres Großvaters hing weit unten. Aber Demut ist eine echt christliche Eigenschaft und steht einem Pfarrer wohl an.

Man spricht von der Religion der Liebe. Eigentlich sollte also von ihren Anhängern viel Wärme ausstrahlen.
Das ist wohl häufig so. Aber in den Unterrichtsstunden des Oberpräzeptors Dr. R. herrschte ein eisiges Klima. Wer sich außerhalb eines geeichten Christentums bewegte, war für ihn von vornherein ein ›Verdammter‹. Freimaurer beispielsweise – mochte ihre Gedankenwelt noch so idealistisch sein – waren verlorene Schafe, da sie des rechten Glaubens entbehrten, und sicher würde sie der Herr dereinst ›mit eisernem Stabe weiden‹.
Ja, er haderte sogar mit gewissen Vertretern der Kirche. Die liberalen Pfarrer seien auf steilem Weg zum Abgrund. Der Herr werde sie ausspeien aus seinem Mund. Das mache er immer so mit den Lauen. Denn sie seien ›ungläubig‹.
Einen Sohn des Bezirksschulinspektors, der als Theologe nicht der orthodoxen Richtung angehörte, hatte Dr. R. für das ›Landexamen‹ vorbereitet. Bevor der Junge zu der schwierigen Prüfung nach Stuttgart fuhr, prophezeite ihm Dr. R. einen völligen Mißerfolg, weil sein Vater kein ›Bekehrter‹ sei. Dafür werde ihn der Herr Zebaoth bestrafen.

Aber Dr. R. war in seinem Glauben so gefestigt, daß er auch recht hatte, wenn er nicht recht hatte. Als der intelligente Sohn des Bezirksschulinspektors sein Examen mit gutem Erfolg bestanden hatte, erklärte der rechtgläubige Altphilologe mit saurer Miene, die Langmut des Herrn währe eben ewiglich, und seine Gnade sei unerforschlich.

Daß ich später selbst das ›Landexamen‹ wagte, um in eines der evangelisch-theologischen Seminare aufgenommen zu werden, ergab sich aus der Familientradition, die bis zum Großvater zurückreichte. Auch mein Vater war ›Seminarist‹ gewesen, ohne jedoch Geistlicher werden zu wollen. Er wünschte mich ebenfalls in einer Schule zu sehen, deren Besuch von einem Ausleseverfahren abhing. Man mag diese Einstellung mißbilligen, besonders wenn man Hermann Hesses ›Unterm Rad‹ gelesen hat. Aber Persönlichkeiten wechseln, und Methoden ändern sich. Als Hesse im Sommer 1918 mehrere Tage in Maulbronn verbracht hatte, erklärte er, wenn es zu seiner Zeit im Seminar so gewesen wäre wie jetzt, hätte er seine Anklage nicht geschrieben. In der Tat war mir's nach meinem Eintritt, als sei ich nach einem harten Winter in den heiteren Frühling gekommen. Die vernünftige Liberalität unserer Theologieprofessoren (vor der uns Dr. R. vorbeugend gewarnt hatte) weitete die Welt unseres Denkens und stieß uns auf neue Probleme, die uns oft zu heißen Diskussionen reizten.

Natürlich gab es auch einige Randerscheinungen, die uns mißfielen. Die Morgen- und Abendandachten dauerten zwar immer nur ein paar Minuten. Doch verkehrt war dabei, daß auch die Philologen in diesen Zyklus eingebaut waren. Sie beschränkten sich meist

darauf, einen Gesangbuchvers vorzulesen, und entschwanden dann sehr erleichtert.
Unseren Latinisten in Blaubeuren hatten wir trotz seiner Unbeholfenheit recht gern. Einmal aber kam ein Spaßvogel vor der Abendandacht auf die Idee, das verstellbare Lehrerpult hochzudrehen. Als Professor H. erschien und auf das Pult stieg, sah man nur noch die obere Hälfte seines Rundkopfs. Doch unerschütterlich las er aus seinem Buch vor:

›Seht ihr den Mond dort stehn?
Er ist nur halb zu sehn
und ist doch rund und schön . . .‹

8

Wenn wir Buben auf dem breiten Bürgersteig vor dem Jagdschloß mit einem kleinen Ball kickten, suchten uns einige Reaktionäre unter den Erwachsenen das aus England importierte Handwerk zu legen. Sie lieferten auch keinen deutlichen Beweis von Humor, wenn der Gummiball sie ins Gesicht traf. Im Gegenteil: Sie drohten mit der Polizei oder mit dem Herrn Dekan oder mit dem Herrn Stadtschultheiß, dessen strengem Blick wir nach Möglichkeit auswichen.
Doch so rückständig war nur eine kleine Minderzahl. Im ganzen taten die paar tausend Schorndorfer sehr viel für die körperliche Ertüchtigung der Jugend, wenn auch vorwiegend der männlichen Jugend – schon durch den Bau einer für die damalige Zeit geradezu pompösen Turnhalle, die sich im Bedarfsfall sogar als Festhalle

eignete. Und die Jugend nützte die ihr gebotene Chance. Bei dem großen Deutschen Turnfest in Leipzig im Jahr 1913 schnitt die Schorndorfer Riege hervorragend ab.

Hinzu kam, daß jenseits des Remswehrs ein topfebener Fußballplatz mit fast normalen Ausmaßen angelegt wurde. Die Fachausdrücke dieses großartigen Spiels waren noch englisch. Das Tor hieß Goal, der Mittelstürmer war der Center, der Verteidiger der Back, der Torwart der Keeper, und statt ›Aus‹ sagte man ›Out‹.

Die Stadt hatte vor dem ersten Weltkrieg eine rasche und technisch versierte Fußballmannschaft, die sich auch mit Stuttgarter Rasenspielern messen konnte. Besonders gut erinnere ich mich noch an den wuchtigen Stürmer Burkardtsmeier, an den gewandten Fritz Gamer, der die Bälle so schön verteilte, und an den vortrefflichen Torwart Kieß, den später eine englische Mannschaft nach London holte. Der Krieg lichtete die Reihen der Fußballer erbarmungslos, und erst den Brüdern Sommer gelang es später, gleichwertig an die Vorkriegstradition anzuknüpfen.

Natürlich standen wir Buben oft am Rand des Fußballfelds, und unser Vater, der von Turnen und Sport sehr viel hielt, war meistens dabei.

Auch der Metzger Lauppe mit seinem Dackel Hanno. Unser Kasper, der zuweilen mitdurfte, zeigte nur wenig Sportbegeisterung. Fürs erste legte er sich neben uns auf den Bauch, nahm aber von den Spielen kaum Notiz. Nach einer kleinen Weile seufzte er tief. Das bedeutete etwa: ›Wozu das dumme Gekicke? Mir tut bloß der arme, vielgetretene Ball leid!‹ Dann sprang er auf seine kurzen Krummbeine und streckte sich laut gähnend. Nach dieser Bekundung seines Mißfallens pinscherte er zum Schilf am Remsufer und schnupperte eine Zeitlang dran herum, ob es sich auch lohne, ein Bein zu heben. Nun aber erwachten seine Jagdinstinkte. Mit der Schnauze am Boden suchte er auf dem Rasen zwischen der Rems und dem Fußballfeld nach Mauslöchern. Hatte er eins gefunden, steckte er seine Nase hinein und zog mit schnarchendem Geräusch die Luft ein. Wenn die Witterung zufriedenstellend ausfiel, fing er an zu buddeln. Das ging ihm aber meistens nicht schnell genug. So biß er ganze Rasenstücke aus dem Boden und schleuderte sie mit unwillig brummenden Lauten beiseite.

Der Dackel Hanno blieb dagegen stets bei seinem Herrn und lauschte den Zurufen, mit denen dieser die Spieler ermunterte: »Fritz, den hasch!« – »Karle, den nemmsch!« – »Ernschtle, jetz sausch aber!« – Manchmal lief Herr Lauppe dabei neben dem Spielfeld auf und ab, um dem Brennpunkt des Geschehens möglichst nahe zu bleiben; und Hanno rannte mit.

Aber der Metzgermeister feuerte die Spieler nicht nur mit Worten an, die sich aus der jeweiligen Situation ergaben. Hin und wieder labte er sie auch mit Sprüchen, die allgemeinere Gültigkeit besitzen, wie zum Beispiel ›Ohne Fleiß kein Preis!‹ oder ›Sich regen bringt Segen!‹

Genauso wie die Schorndorfer Spieler erwartete er, daß man anständig spiele. Absolute Fairneß war nur dann schwierig, wenn die Gmünder Fußballer kamen.

Das hatte seinen geschichtlichen Grund. Gmünd war erst hundert Jahre zuvor württembergisch geworden und pflegte mit Recht seinen Stolz auf den ehemaligen Status einer Freien Reichsstadt. Schorndorf, wenn auch nur halb so groß wie die Nachbarstadt, lebte in dem

Bewußtsein, das östliche Remstalbollwerk des ehemaligen Herzogtums gewesen zu sein. Leider spielte damals auch noch der konfessionelle Gegensatz eine Rolle. Denn das Herzogtum Württemberg hatte sich einst der Reformation angeschlossen, während die Freie Reichsstadt Gmünd katholisch geblieben war.
So ging's denn auch bei den Wettspielen zwischen der Gmünder und der Schorndorfer Fußballmannschaft härter zu als sonst. Und da versuchte auch einmal der brave Metzger Lauppe, das Schicksal zu korrigieren.
Er stand gerade neben dem Schorndorfer Tor, als der Gmünder Mittelstürmer gewandt zwischen den Schorndorfer Verteidigern durchbrach und dem Schorndorfer Tor zustrebte. Das war zuviel. Das durfte nicht sein! Herr Lauppe deutete auf den heranbrausenden Gmünder und machte: »Hanno, ksch, ksch!« Da aber die Hunde (nur die Hunde?) die Fähigkeit haben, auf Befehl urplötzlich in Wut zu geraten, preschte der Hanno mit fliegenden Ohrwascheln los und fuhr dem bösen Feind mit lautem Gebell zwischen die Beine. Das gab viel Aufregung hin und her, bis der anfangs ratlose Schiedsrichter schließlich den Gmündern einen Freistoß zubilligte, den Torwart Kieß mit gewandtem Hechtsprung meisterte.

Jenseits der Au-Wiesen und noch außerhalb der Stadt war die Rems durch ein Wehr gestaut. Einige Meter davor wurde ein Mehrzweckkanal stadtwärts abgezweigt, dessen Wasser zunächst in munterem Lauf durch Wiesengelände strömte.
Findige und sparsame Schorndorfer hatten über diesen Kanal zwei aus Balken und Brettern gezimmerte Badeanstalten gestülpt, eine für Einwohner weiblichen Ge-

schlechts und weiter unten eine für männliche Schwimmer. Hier waren die Jugendlichen durch eine quer über den Kanal gezogene Bretterwand von den Männern streng geschieden. Meinem Vater war das gleichgültig. Solange ich als kleiner Kerl noch nicht schwimmen konnte, holte er mich gern ins Männerbad herüber. Dann schwamm er mit mir hin und her, und ich hing als Klammeräffchen auf seinem Rücken.

Die weibliche Badeanstalt war sogar dreifach aufgeteilt: für Frauen, für geschlechtsreife Mädchen und für solche, die auf diesen Zustand erst warteten. Natürlich hatte man dieses Badehaus, aus dem immer fröhliches Kreischen und Gelächter erscholl, in gebührendem Abstand vom Männerbad errichtet, obwohl die Nutznießerinnen völlig unsichtbar waren und zudem in sackartigen Gebilden steckten.

So hatte alles seine schön geregelte und auch überwachte wilhelminische Ordnung. Denn der Feldschütz mußte ab und zu um die Badeanstalten herumschleichen.

Wir Buben zogen das Rems-Freibad im Wehrgelände, das außer dem Sprungbrett keinerlei Badeeinrichtungen aufwies, bei weitem vor. Selbstverständlich durften nur Buben und Männer dort baden, schon wegen der dürftigen und von sparsamen Müttern mehrfach geflickten Dreiecksbadehosen. Bloß bei den Pferden machte man eine Ausnahme. Unterhalb der Wehrfalle hatte das herabschießende Wasser den Remsgrund tief aufgewühlt. In diesem ›Gaulsgompa‹ erfrischten sich Rösser beiderlei Geschlechts.

Nicht weit davon dehnte sich bei sommerlichem Niedrigwasser ein flacher Kiesstrand. Wenige Meter flußeinwärts lockte eine kleine, langgestreckte Insel. Das träge

Wasser, das dazwischen floß, war selten tiefer als einen halben Meter. So konnte auch ein Fünfjähriger ungefährdet zur Insel hinüberwaten.
Dieses Naturgeschenk nannte man das ›Kinderkessele‹ – ein Paradies für kleine Erdenbürger: Bläulinge, Pfauenaugen, Zitronenfalter und Schwalbenschwänze schaukelten durch die warme Luft. Im Wasser bewegten sich merkwürdige Larven, Wasserschnecken und noch interessantere Blutegel. Schwärme winziger Fische tauchten auf und stoben wieder davon, und manchmal schwebte eine Libelle mit buntschillernden Schwirrflügeln über dem ziehenden Wasser.
Aber auch das Bad an der Rems hatte seine geheiligte Ordnung. Wer das schulpflichtige Alter erreicht hatte, durfte nach oben, wo abschließend der schwere Wehrbalken das Remswasser staute. Im Sommer war er meistens gar nicht überronnen oder doch nur teilweise. Von da an nahm das Wasser remsaufwärts nur ganz allmählich an Tiefe zu: für kleine Nichtschwimmer eine naturgegebene Möglichkeit, sich mit zunehmendem Alter immer weiter vorzuwagen.
Hier lernte man ohne fremde Anleitung das ›Hondla‹, das heißt, man versuchte, sich mit den Schwimmbewegungen eines Hundes über Wasser zu halten. Bis endlich einer der älteren Buben kam und sich mit rauhen Worten als Nothelfer anbot: »Kerle, bei dir wär's au Zeit, daß du richtig schwemma lernsch!« Dann zeigte er seinem Schützling die Bewegungen des Brustschwimmens und ging im halbhohen Wasser neben ihm her, hielt ihm aber nur den Zeigefinger unters Kinn. Das genügte.
Meistens konnte der Lehrling schon nach einer Stunde einige Züge ohne fremde Hilfe wagen. Dann wurde er

ein kleines Stück remsaufwärts befördert. Dort war der Fluß bis zu einer Tiefe von mehr als drei Metern ausgebaggert.
Nun plantschte der kleine Novize ›ins Tiefe‹ und staunte über sich selbst, weil er das andere Ufer erreichte, ohne ertrunken zu sein. Aufmunternde Zurufe erleichterten ihm die Rückkehr, und sein Stolz kannte am diesseitigen Ufer keine Grenzen. Denn jetzt war er in die Reihen der Älteren aufgenommen.
Wer aber keinen Schwimmhelfer fand, holte sich beim Gärtner Mechtlen ein paar Rindenstücke einer gefällten Korkeiche oder im Schlachthaus eine Saublase oder, wenn er ganz vorsichtig war, eine Ochsenblase und band sie sich mit einer Schnur auf den Rücken.

Auch Buben haben bisweilen einen ausgeprägten Schönheitssinn. Sie gestehen es nur nicht gern. Mein Bruder tat es einmal, aber es bekam ihm schlecht.
Zu Beginn des Jahres 1911 hatte unsere Mutter ihrem Ältesten in dem bewährten Bekleidungshaus des Herrn Böhler, den immer ein Hauch nobler Würde umgab, einen Kordanzug gekauft. Weil dieser so fein war, sollte er ihn nur sonntags tragen, und ich als der kleinere Bruder war zufrieden, wenn ich dann neben ihm schreiten durfte, zumal die Samthosenbeine beim Gehen ein vornehm reibendes Geräusch erzeugten.
Der Sommer dieses Jahres wurde mörderisch heiß und trocken. Die armen Bauern seufzten nach Regen, aber wir Buben freuten uns, weil wir, sooft es unsere Schulaufgaben erlaubten, barfuß zum Baden gehen konnten.
An einem Mittwochnachmittag schickten wir uns eben an, zur Rems zu eilen, und Kasper wedelte schon hef-

tig mit dem Schwanz. Da erwachte in meinem Bruder plötzlich wieder einmal der Schönheitssinn, das heißt, er wollte unbedingt seinen Kordsamtanzug anlegen. Die Mutter versuchte es ihm in ihrer ruhigen Art auszureden. Dafür sei's jetzt doch zu heiß, und außerdem sei nicht Sonntag. Aber Otto blieb hartnäckig, und die gute Mutter gab zuletzt nach, mahnte ihn jedoch: »Pascht aber auf, daß nix nakommt!«

Natürlich kam doch etwas hin.

Wenn man die Bahnlinie überquert und eine Gärtnerei passiert hatte – irgendwo links oben klapperten auf einem Dach gewöhnlich die Störche –, kam man zur Großmühle des gefürchteten Herrn Hahn. Bog man dort nach rechts ab, so führte ein fast schnurgerader Pfad durch die weitgedehnten Au-Wiesen zu unserem Badeplatz an der Rems.

Dieses Wiesengelände gehörte aber auch dem Müller Hahn.

Wir sahen selbst, daß der Wiesenpfad wegen der hohen Zahl der Badefreudigen immer breiter wurde. Und weil der Sauerampfer und der Wiesenbocksbart, den wir samt den Blüten fraßen, so gut schmeckten, leisteten wir Lausbuben uns manchen Seitensprung in die saftigen Wiesen.

So ließ der dauergeschädigte Müller schließlich an den Beginn des Wiesenpfads eine Verbotstafel setzen, die uns zu einem weiten Umweg am Schlachthaus vorbei zwang.

Gelegentlich harrte Müller Hahn selbst wie ein Haremswächter an dem verwehrten Zugang. Öfter noch lauerte der Feldschütz hinter einer der beiden Heuhütten, die nicht weit von dem verbotenen Pfad in den Wiesen dösten.

Um unliebsamen Scherereien auszuweichen und auch um unseren Eltern unnötige Aufregungen zu ersparen, hatten wir zwei Brüder schon geraume Zeit den überwachten Pfad gemieden. Doch an diesem Tag kam's anders.

Frohgemut hatten wir die Hahn'sche Großmühle erreicht. Kasper war schon voraus gelaufen, schnupperte an einem Mehlsack herum und hob ohne Gewissensbisse das rechte Hinterbein.

Da entdeckte Otto einen Wagen mit einem Güllenfaß. Manche Menschen beweisen schon in jungen Jahren ein erfreuliches Maß an technischem Interesse. Man kann zum Beispiel auch nachforschen, wie der rückwärtige Verschluß an einem derartigen Düngefaß funktioniert. Die möglichen Folgen sollte man freilich vorher bedenken. Tatsache ist jedenfalls, daß meinem Bruder nach kurzem Herumprobieren die Jauche gegen den Leib schoß. Er drehte zwar sofort wieder zu, aber das Unglück war schon geschehen.

»Lauf mit, was d' kannscht!« rief er mir zu; und da Kasper seine Berieselungsaktion schon beendet hatte, rasten wir alle miteinander los.

Diesmal aber drängte die Zeit. Wir wählten also den verbotenen Abkürzungsweg, denn nirgends entdeckten wir ein feindliches Hindernis. Aber wir rechneten nicht mit der Schlauheit des Feldschützen. Kaum waren wir etwa hundert Meter weit gerannt, da tauchte er schon hinter der ersten Heuhütte auf. Kasper, von uns ermuntert, erfaßte die Lage sofort, vollzog eine taktische Schwenkung nach rechts, sauste in hohen Sprüngen durch das Gras und verbellte den Feldhüter so nachhaltig, daß sich dieser vorübergehend in die schützende Hütte zurückzog.

So erreichten wir ungerupft den Badeplatz an der Rems. Otto legte bloß geschwind Uhr und Geldbeutel ins Gras, rief: »Gehet alle aus 'm Weg!« und verschwand mit Kopfsprung samt seiner Umhüllung im Wasser.

Während dieser reinigenden Taufe, die sich über einige Minuten hinzog, klärte ich die verblüfften Zuschauer, lauter jüngere Jahrgänge, über unser Mißgeschick auf.

Inzwischen hatte sich Otto abseits vom Badeplatz auf der nach Westen abfallenden Schräge des Wehrs, wo die heiße Nachmittagssonne zu voller Wirkung kam, seiner Kleider entledigt. Nun wand er sie aus, strich sie schön glatt und legte sie auf die heißen Steinplatten zum Trocknen.

Kasper ließ sich von mir willig über die Eisenkonstruktion der Wehrfälle tragen, blieb geduldig als Wächter bei den trocknenden Kleidern und aalte sich wohlig in der Sonne. Später schlich er allerdings mit hängender Zunge in den Schatten der Huflattichblätter, die dicht daneben auf der anderen Remsseite wucherten.

Wie sich am Spätnachmittag herausstellte, gab es einen vollen Erfolg: Der Geruch war verschwunden, der Anzug nicht ›eingegangen‹ und nirgendwo eine Runzel deutlich sichtbar.

Die Jugend aller Völker und Zeiten entbehrt der richtigen Ehrfurcht vor dem gereiften Alter. Ja, manchmal rottet sie sich gar zusammen und verhindert die Auslieferung eines liederlichen Kumpans aus ihren Reihen. Diese betrübliche Erfahrung mußte damals auch der Feldschütz machen. Er wagte sich nach einer schöpferi-

schen Pause wieder aus der Heuhütte heraus, erschien mit grimmiger Miene auf dem Badeplatz und rief: »Wo isch der Kerle mit dem brauna Samtaziegle?«
Sofort sagte ein junger Laffe: »Do isch nirgends a brauns Samtaziegle. Gucket Se no!«
Der Feldschütz suchte vergeblich nach einem entsprechenden Kleidungsstück und wurde unsicher: »Aber en Hond miaßet 'r g'seha han. So en schwarza Dackel!«
»Also do bei ons isch keiner«, bemerkte einer wahrheitsgemäß.
» 's gibt vrschiedene Dackel en Schorndorf«, meinte ein loser Spötter und erntete unverdiente Heiterkeit.
»Vielleicht isch der schwarze Dackel au von Urbach«, vermutete ein anderer und fügte tiefsinnig hinzu: »No isch 'r d' Rems ronterkomma.«
Von hinten kam die gegenteilige Hypothese: »Vielleicht isch 'r aber au von Weiler. No isch 'r d' Rems raufkomma.«
Da wurde es dem braven Feldschützen zu bunt: »Also wenn ihr jonge Spitz meinet, ihr könnet mit mir Hugoles macha, no deischet ihr eich. Ond dees kann i eich saga: Wenn i den mit seim Samtaziegle nomol en de Wiesa vrwisch, no hau em eine an sein Perpendikel na, daß 'r am hella Dag d' Sternla sieht!«
Sprach's und entfernte sich remsaufwärts. Zum Glück: Sonst hätte er auf der Wehrschräge das Samtanzügle entdeckt.

Auch sparsame Menschen müssen gegebenenfalls überlegen, was ihnen der schnöde Mammon nützt, wenn er faul daliegt und nicht arbeiten will. So zählten auch wir Brüder eines Tages unsere Nickelmünzen zusammen. Denn von uns Kindern bekam jedes bis zum zehnten

Lebensjahr zehn Pfennig Taschengeld in der Woche, nachher zwanzig Pfennig. Mein eigenes Vermögen war also noch recht dürftig, die Finanzen meines Bruders machten einen etwas freundlicheren Eindruck. Und siehe da! Es ergaben sich zusammen fast zwanzig Mark.

»Dees langt«, sagte Otto. »Du wirsch seha!«

›Der gute Kamerad‹ brachte nämlich in seiner neuesten Ausgabe eine Anleitung zum Bau eines Paddelboots, und wir nährten in unserem Innern bereits ausschweifende Phantasien über wilde Abenteuerfahrten.

Doch zuerst kam die Arbeit. Im Sägewerk unterhalb der Löwenbrauerei ließen wir uns einen großen Mittelspant, zwei kleinere Spanten von gleicher Größe und zwei ganz kleine Abschlußplatten für Bug und Heck anfertigen, alles schlicht halbkreisförmig.

Außerdem mußten wir zwei runde Stangen für die Paddel haben und vier Ruderblätter, die aber keinen Anspruch auf besondere Schönheit erhoben.

Für den Bootsrumpf selbst brauchten wir noch acht schmale, etwa vier Meter lange Holzlatten, die nun in der Weise über Spanten und Abschlußplatten genagelt wurden, daß ein Gerippe entstand, das einer längs halbierten Zigarre glich.

Die schwierigste Arbeit überließen wir unserer unermüdlichen Mutter. Sie mußte eine Sackleinwand, die wir gekauft hatten, zürechtschneiden, zusammennähen und auf dem Bootsgerippe befestigen.

Zuletzt nahmen wir den Poren der Sackleinwand die Luft weg, indem wir sie mit hellgraublauer Ölfarbe zustrichen. Nachdem das Kunstwerk getrocknet war, wurde es ein zweites und drittes Mal überpinselt.

Dann kam der große Tag des Stapellaufs. Wir legten

die zusammengezimmerten Paddel ins Boot, jeder packte die Querverbindung eines Spants, und mit ›Ho ruck!‹ hatten wir das Ding über dem Kopf. Ein eigenartiges Erscheinungsbild: Von der Seite sah es so aus wie ein halber Zeppelin, aus dem hinten zwei neunjährige und vorn zwei vierzehnjährige Beine herausragten. Die kürzeren mußten sich natürlich mächtig anstrengen, mit den längeren Schritt zu halten, und bis zur Rems war's immerhin eine knappe halbe Stunde.

So selbstbewußt hatten wir unseren Dackel noch nie gesehen. Hocherhobenen Hauptes stolzierte er vor uns her, die Ohrwascheln leicht angehoben, um feindselige Laute sofort wahrnehmen zu können. Mißgünstige Menschen, die über das vierbeinige Tier lachten, das da durchs Gelände schaukelte, bedachte er mit giftigen Blicken.

Die Schiffstaufe an der Rems verlief formlos, wenn auch mit viel Gejohle der anwesenden Jugend. Es war nicht ganz einfach, in das leichte Boot, das keinen Tiefgang hatte, einzusteigen. Aber es lief wunderbar.

Wir wagten gleich eine etwa zwei Kilometer lange Fahrt zwischen den Schilfwänden und Weidenbüschen der Rems bis über die Remsbrücke der Welzheimer Bahn hinaus. Kasper saß steil aufgerichtet ganz vorn als Gallionsfigur und genoß mit uns das bei jeder Biegung wechselnde Landschaftsbild. Ab und zu schnappte er nach Bremsen und ärgerte sich, daß er keine erwischte. Endlich gelang's ihm doch, aber er bekam das Übergewicht und plumpste ins Wasser.

Das geschah noch öfter. Man preßte ihm dann eine Hand fest in den Nacken, wenn er längsseits angeschwommen kam. Er begriff sofort, drückte kräftig dagegen und halfterte sich mit seinen kurzen Beinen

über die Bootswand. Weniger angenehm war, daß er im Bootsinnern ohne Rücksicht auf sonstige Anwesende seinen Pelz kräftig schüttelte.
Von 1911 bis 1914 freuten wir uns an unserem Boot. Reparaturen waren kaum notwendig. Ein neuer Ölfarbenanstrich von Zeit zu Zeit genügte.
Aber 1915 erhielt Otto seinen Einberufungsbefehl. Und Kasper hatte kurz zuvor sein Hundedasein schmerzlos beendet.
So verschenkten wir unseren Gefährten froher Sommermonate.

9

Das Württemberger Ländle ist überall schön und zudem voll von geschichtlichen Erinnerungen. Sonderbar, daß das frühere Generationen nicht genügend würdigten.
Dem ›Schwäbischen Albverein‹ kam diese Erleuchtung aber schon vor der Jahrhundertwende. Männer und Frauen machten sich mit Farbtöpfen und Pinseln auf und markierten die lohnenden Wanderwege, die zuvor erkundet waren. Mein Vater förderte diese Bemühungen in seinem Revier nach Kräften.
In der Tat ist die Wanderbewegung eine der nicht eben zahlreichen positiven Erscheinungen der wilhelminischen Zeit, vielleicht deshalb, weil sie aus dem Volk kam und nicht von oben verordnet wurde.
Uns Buben bedeutete sie geradezu eine Flucht vor dem Befehl. Für den ›Albverein‹ und den ›Wandervogel‹ fühlten wir uns zwar zu jung. Doch wenn wir einen

Ausflug machten, steckte das ›Albvereinsliederbuch‹ stets in der Tasche, ebenso der ›Zupfgeigenhansl‹, dieses bleibende Geschenk der Wandervogelbewegung.

Den christlichen Pfadfindern überließen wir es, in der Uniform der ›Braven von Südwest‹ mit Trommelklang und Pfeifengetön zu Kriegsspielen auszumarschieren. Eine kurze Gastrolle in der sogenannten Schülervereinigung beendeten wir rasch, weil dort die älteren Schüler über die jüngeren geboten.

Bei unseren Wanderungen wollten wir niemand unterworfen sein, sondern selbst planen und unseren persönlichen Interessen folgen. Anfang und Ende bestimmten wir allein, das heißt, eine Gruppe von vier oder fünf Lateinern meiner Klasse.

Natürlich lag darin auch ein unbewußter Protest gegen den Obrigkeitsstaat, aber durchaus nicht gegen die ältere Generation an sich – auch sie wurde ja von der Wanderbewegung erfaßt – und schon gar nicht gegen unsere Eltern; denn sie ermunterten uns zu unseren Wanderungen, ohne uns zu bevormunden. Unseren geplanten Wanderweg gaben wir vorher immer nur in groben Zügen an, und mein Vater, der schon von Berufs wegen gute geologische Kenntnisse besaß, sagte dann höchstens: »Vergiß au dei Hämmerle net!«

Schon als Achtjährige zogen wir immer wieder einmal an einem schönen Sonntagmorgen durch die stillen Straßen in die taufrische Weite hinaus. Meistens schon vor sechs Uhr. Weil es uns so leicht ums Herz war, sangen wir mit unseren dünnen Stimmen ›Ein Sträußchen am Hute, den Stab in der Hand ...‹ Einer blies die Mundharmonika dazu. Oder wir pfiffen Hugo Wolfs Vertonung des schönen Mörike-Gedichts ›Am frischgeschnittnen Wanderstab – wenn ich in der Frühe ...‹

Oder wir teilten den verschlafenen Einwohnern mit, das Wandern sei ›des Müllers Lust‹.
Diese reagierten sehr verschieden, soweit sie an den Fenstern erschienen. Manche schauten bloß, und die Frauen hielten dabei sorgsam ihre Nachthemden oder Bettjacken zu. Andere murrten: »Dädet ihr en Kendergottesdienscht geha! Dees wär g'scheiter als d' Leid aufz'wecka.« Doch anerkennende Zurufe überwogen.
Die Freude an Liedern hatte uns der ›dicke Fischer‹ eingeimpft. So hieß der Wackere im Volksmund zum Unterschied von anderen Schorndorfer ›Fischern‹. Ein vitaler Mann, durch und durch musikbesessen, ein glänzender Organist und Dirigent.
Was er vor und nach dem eigentlichen Gottesdienst spielte, war oft eigene Phantasie, aus seiner persönlichen Stimmung geboren. So klang denn das Vorspiel meistens recht bedrückt und fast gequält – wie eine Vorahnung der kommenden Seelenwäsche.
Aber man braucht nicht immer wachen Geistes mitzubekommen, wie schlecht der Mensch ist und wie richtig die ewige Verdammnis für ihn wäre. Man kann auch ab und zu in sich selbst zurücksinken, indem man hinter der Orgel schläft. Für alle Fälle lauert dann der Mesner darauf, den Organisten rechtzeitig aus süßem Schlummer zu reißen.
Fischers Nachspiel war jedenfalls ein Erlebnis. Da brauste die Orgel auf und jubelte die Gläubigen aus der Kirche hinaus. Das war, als ob sich die gedemütigte Seele wieder erheben wollte, das war auch wie eine freudige Erwartung der Grießklößlessuppe und des Sonntagsbratens mit schwäbischen Spätzle.
Doch der Gute tat mir immer leid, wenn ich mit seinem Erich und dem jungen Hiller zusammen zum Vio-

linunterricht erschien. Sägten wir einmal gar zu gräßlich auf unseren Geigen herum, konnte es vorkommen, daß er sich mit einem gelinden Fluch wieder die nötige seelische Luft verschaffte. Aber dann seufzte er: »Du lieber Heiland em Hemmel, verzeih mr's! Aber do ka'sch nemme anders.«

Die Wälder der näheren Umgebung kannten wir zur Genüge von häufigen Schnitzeljagden. Ebenso die Schurwalddörfer bis nach Schnait. Denn brauchte unser Vater für eine ganztägige Dienstfahrt durch sein Revier ein Gefährt, so nahm er uns Kinder oder auch einen Freund von mir mit, wenn wir gerade Ferien hatten.
Der Posthalter Hauber verfuhr mit seinen prächtig gepflegten Rössern sehr vernünftig. Sobald die Wilhelmshöhe oder der Goldboden erreicht war, ließ er sie verschnaufen, warf seine Zigarre weg, die ohnehin oft nur auf einer Seite brannte, und zog das Posthorn vor. Dann blies er ›Muß i denn, muß i denn . . .‹ oder ›Es wär so schön gewesen, es hat nicht sollen sein‹.
Andächtig lauschten Mensch und Tier.
Da man aber immer nach neuen Erkenntnissen strebt, lagen unsere Wanderziele mehr auf der Adelberger Seite oder im Welzheimer Wald oder in den ›Berglen‹. Dafür genügte es, daß wir vorher Karten meines Vaters im Maßstab 1 : 25 000 studierten. Bald konnten wir uns aber auch auf Karten im Maßstab 1 : 100 000 zurechtfinden. Denn allmählich wurden wir dreister und steckten unsere Ziele weiter.
Zu Beginn der Sommerferien des Jahres 1913 hatten wir einen großen Plan. Wir wollten über Adelberg den Hohenstaufen samt dem Hohenrechberg erreichen und von dort nach Schwäbisch Gmünd wandern. Dies sei

ein Marsch von immerhin sieben Stunden, meinten meine Eltern. Das genüge für uns elfjährige Knirpse vollauf.
Meine Mutter stopfte mir also drei doppelte Butterbrote, rund um den Laib geschnitten, in den Rucksack, zwei Landjäger, zwei harte Eier, getrocknete Apfelschnitzle und eine mit Malzkaffee gefüllte Bierflasche. Um vier Uhr morgens schloß sie mir die Haustür auf.
Wir trafen uns in der Nähe eines Hauses, in dem der ›saure Gottlieb‹ wohnte (niemand wußte, warum er so hieß), und zogen vergnügt die Göppinger Steige hinauf. Um neun Uhr hatten wir vier Wanderer bereits die Kuppe des Hohenstaufens erstiegen, vertilgten das erste Butterbrot und bewunderten die Aussicht. Über den Aasrücken trabten wir zur Ruine Hohenrechberg und kletterten in dem alten Gemäuer herum. Auf dem Plateau bei dem höher gelegenen Kirchlein wollten wir eine längere Rast einlegen und schließlich nach Gmünd hinunterbummeln.
Da tat sich der Stuifen wie ein Wunder vor uns auf. Also wenn wir schon so weit gewandert waren ... Diesen prachtvollen Bergkegel durften wir nicht auslassen! Aber vom Stuifen aus erspähten wir neue Herrlichkeiten: Vor uns lag die Reiterleskapelle und das Kalte Feld. Also wenn wir schon so weit gewandert waren ...
Kaum waren wir dort, legten wir uns auf den Bauch und vertieften uns in die Geheimnisse der Karte. Da entdeckten wir den Namen Bernhardus und lasen im Albführer von Julius Wais, daß da ein Zusammenhang bestehe mit Bernhard von Clairvaux, der seinerzeit gegen die bösen Heiden gepredigt hatte (Heiden waren ja auch noch in der wilhelminischen Zeit böse Menschen und kamen deshalb nicht in den Himmel).

Auf dem Bernhardus bewies uns die Karte, daß der vielgepriesene Rosenstein über den Scheuelberg und Heubach vielleicht noch zu erreichen sei. Also wenn wir schon so weit gewandert waren . . .
Und es lohnte sich. Denn diese Teilstrecke mit ihren weiten Buchenwäldern und zauberhaften Ausblicken erschien uns wie die Krönung unserer Wanderung.
Die Rosensteinhöhlen bereiteten uns nicht mehr den verdienten Genuß. Die letzten Strahlen der Abendsonne sahen vier müde, ausgedörrte Wanderer nach Lautern hinabsteigen und auf der Landstraße nach Mögglingen schleichen.
Der nächste Zug nach Schorndorf fuhr aber erst zwei Stunden später – zur Freude der Blasen an unseren Füßen, die sich nun prächtig entwickeln konnten.
Die folgenden Tage vergingen, und die Blasen verkümmerten. Aber die Freude am Erlebten blieb und der jugendliche Stolz auf die eigene, von niemand befohlene Leistung.

Wenn wir über jedes Wochenende unser lateinisches ›Argumentle‹ in ein Reinheft mit steifem Deckel schreiben mußten, um während der anderthalb freien Tage nicht auf unziemliche Gedanken zu kommen, fanden wir bei Übertragungen aus dem ›Bellum Gallicum‹, daß Caesar häufig noch während der Nacht abrückte, und lernten dabei die zeitliche Bedeutung der Präposition ›de‹.
Da uns aber die alten Römer als Vorbilder gepriesen wurden, konnte man uns eine Nachahmung ihrer Sitten füglich nicht übelnehmen. Nur wußten wir das nicht so ganz sicher. Ungefährlicher war es jedenfalls, Nachtwanderungen vor der Öffentlichkeit zu verbergen. Ich

angelte mir also einen Freund, der bei Nacht genauso unbemerkt die elterliche Wohnung verlassen konnte wie ich selbst, nachdem ich im Gastzimmer außerhalb der Wohnungstür hauste.

Das war im Frühjahr und im Frühsommer des Jahres 1914. Wir brachen aber nur auf, wenn es sternklar war, damit man sich notfalls orientieren konnte, und wenn der Mond nicht am Himmel stand. Denn in der Finsternis ist auch das Auge des Gesetzes blind.

Kaum waren wir aus der schlafenden Stadt geschlichen, verließen wir die Straßen. Auf einsamen Waldwegen suchten wir mit den Augen die Dunkelheit zu durchdringen und lauschten dabei den Geräuschen der Nacht.

Das war so romantisch, daß ich später auch aus den evangelisch-theologischen Seminarien in Maulbronn und Blaubeuren mit einigen Freunden gelegentlich bei Nacht entwich.

Einmal badeten wir in einem wunderbar warmen Waldweiher bei Maulbronn. Aber während wir hernach schliefen, fielen ganze Kohorten blutgieriger Schnaken über uns her, und die stark duftenden Pfefferminzstauden stürzten uns in wilde Träume.

Doch der Zauber der Nacht lockte auch noch in Blaubeuren. Irgendeinmal strebte ich nachts um elf Uhr mit einem Freund zum Blautopf; wir waren wie sonst über den Blitzableiter dem Seminar entronnen. Am lebenden Objekt wollten wir beweisen, daß die Sage von der schönen Lau, die einen in die Tiefe ziehe, falsch sei. Denn das Quellwasser drückt nicht nach unten. Ganz im Gegenteil.

So glatt, wie wir das gedacht hatten, ging es freilich nicht. Drei Bänke um den Blautopf herum waren von

liebenden Paaren besetzt, und wir hatten keine Badehosen dabei. So gingen wir innerlich brummend von hinnen und erschienen nach einer halben Stunde aufs neue. Da waren noch zwei Bänke besetzt. Und um Mitternacht immer noch eine.
Bar jeder Nächstenliebe zogen wir uns hinter Bäume zurück und stießen tierische Laute aus. Ohne jede Wirkung. In süßem Liebeswahn entrückt, hörten die beiden auf dem Bänkle bereits nicht mehr mit irdischen Ohren.
Gegen ein Uhr endlich entschwanden sie eng umschlungen. Wir aber hatten in der kühlen Nacht schon so viel Wärme verloren, daß wir nun frierend am Blautopf standen, nachdem wir die Kleider ausgezogen hatten. Allein hätten wir uns nicht mehr ins Wasser gewagt. So aber wollte keiner einen Zeugen seiner Mutlosigkeit haben. In grimmiger Entschlossenheit stürzten wir uns in das widerlich kalte Quellwasser. »Es sind ja nur 37 Meter!« sagte ich mir immer wieder vor, während ich neben meinem Freund hinüberschwamm.

10

In jener Zeit weltweiter Hoffnungen und Sehnsüchte gehörte es fast zum guten Ton, einen Onkel in einem fremden Kontinent zu haben. In dieser Beziehung litt unsere Familie keinen Mangel. Denn wir hatten einen in Südwestafrika und einen in Ostafrika. Doch Onkel Gottlob aus Kalifornien (eigentlich ein Onkel unserer Mutter) war uns der liebste. Obwohl er schon vor vielen Jahren ausgewandert war und bei Los Angeles eine große Farm besaß, zog es ihn alle paar Jahre in seine alte Heimat zurück. Das letzte Mal besuchte er uns 1913 im Anschluß an das große Turnfest in Leipzig und blieb mehrere Tage.

Onkel Gottlob und unser Vater verstanden sich ausgezeichnet. Auch wenn sie einmal verschiedener Meinung waren, behielt ihr Gespräch den Charakter eines unbefangenen Gedankenaustauschs. Und wir Kinder lauschten mit gespitzten Ohren. Begriffe, die wir noch nicht kannten, erklärte man uns bereitwillig.

An einen Abend, der uns um den großen Tisch im Wohnzimmer versammelt sah, erinnere ich mich noch besonders gut. Beim leise sirrenden Geräusch der Spirituslampe erzählte Onkel Gottlob, wie er vor vielen Jahren zu seiner Hermine gekommen war. Das gab viel Gelächter, und nun mußte auch unser Vater seine Karten aufdecken.

Als junger Forstassistent in Neuenbürg hatte er oft den Oberförster Hirzel in Herrenalb besucht, auch deshalb, weil er dort auf dessen schwarzbrauner Stute reiten durfte. Eines Tages machte er im Forsthaus die überraschende Entdeckung, daß der Hausherr eine hübsche, dunkelhaarige Nichte zu Gast hatte, und er beeilte sich, seinen Besuch zu wiederholen, bevor sie wieder abreiste.

Auf dem Weg zur Postkutsche in Neuenbürg traf er einen befreundeten Arzt. »Du hasch's aber pressant!« sagte dieser kopfschüttelnd. Der junge Forstmann kratzte sich hinter dem Ohr: »I will zum Hirzel ond sei Braune a'gucka.« Der Freund, der meinte, er wolle die braune Stute kaufen, hob warnend den Finger: »Karl, sei fei vorsichtig ond laß de net b'scheißa! Dr Hirzel isch a Oberschlaule.«

Aber dann wurde das Gespräch am Familientisch ernster und grundsätzlicher. Onkel Gottlob pries die Pünktlichkeit unserer Eisenbahnen, war aber sehr verärgert über die ruppige Behandlung durch einen Bahnbeamten in Leipzig. So etwas, behauptete er, komme in Amerika nicht vor.

Vater erwiderte, das liege zum Teil im System. Der künftige Beamte werde bei seiner Ausbildung dazu erzogen, von der übrigen Bevölkerung einen gewissen Abstand zu halten, damit keine Vetterleswirtschaft entstehe. Dumme Menschen, die es in jeder Berufsklasse gebe, würden dann nach kurzer Zeit ekelhaft überheblich, weil sie der Machtbefugnis, die ihnen in ihrem kleinen Teilgebiet übertragen sei, innerlich nicht gewachsen wären. Er wiederholte aber, man dürfe dabei nicht vergessen, daß gerade diese Erziehung ein sauberes Beamtentum geschaffen habe.

Der Onkel gab das zu. Außerdem, meinte er, wäre es verkehrt zu verallgemeinern. Die regionalen Unterschiede seien ›drüben‹ noch größer als bei uns. Aber aufs Ganze gesehen, sei eben zuviel Korruption bei der amerikanischen Administration. Karl Schurz habe vergeblich dagegen angekämpft. Er habe drüben zwar mehr Freiheit gefunden, aber weniger Gerechtigkeit. Überhaupt sei die Ehrfurcht vor dem Besitz in den Staaten übertrieben groß.

Daß der Onkel das als eine Folge des kalvinistischen Puritanismus bezeichnete, verstand ich noch nicht so ganz. Jedenfalls, meinte er, sei es verrückt zu glauben, jeder Mensch sei zum Reichtum oder zur Armut vorausbestimmt.

Das Gespräch wandte sich wieder dem deutschen Beamtentum zu. Onkel Gottlobs Ansicht war, es sei von

oben zu straff dirigiert und in seinen Methoden zu konservativ.
Unser Vater bestritt das nicht. Ihm zum Beispiel mache man vom Stuttgarter ›grünen Tisch‹ aus schon bei seinen Versuchen mit ausländischen, rasch wachsenden Hölzern unnötige Schwierigkeiten. Leider sei das bei der städtischen Verwaltung auch nicht anders. In Schorndorf regiere das Stadtoberhaupt, ohne viel nach anderen Instanzen zu fragen.
Der übertriebene Konservatismus zeige sich übrigens schon in der Abfassung von Erlassen. So komisch verschnörkelt wie noch vor einem Jahrhundert sei die Amtssprache freilich nicht mehr.
»Wart, Gottlob«, sagte er, »i will dr was zeiga!« Er zog die Familienpapiere aus dem Schreibtisch und las einen herzoglichen Erlaß vor, den sein Urgroßvater, später Musiklehrer an der Carls-Akademie, zu Beginn der Lehrerlaufbahn erhalten hatte.
Der Erlaß stammt aus dem Jahre 1775, also aus einer Zeit, da Goethe das sprachliche Kunstwerk der ›Iphigenie‹ schuf, und fängt also an:

›Von Gottes Gnaden CARL, Herzog zu Württemberg und Teck usw.
Unseren Gruß zuvor, Hochgelehrter Ehrsamer, Liebe Getreue! Nachdem wir auf die von Euch unterm 17. mensis curr. unterthänigst eingelegte Nomination den bis dahero in der allhiesigen Krähenschule gestandenen Provisorem, Christoph, Wilhelm, Heinrich Kieser nach vorgängig mit demselben vorgenommenen Examine, worinnen er die erforderliche Schul-Qualitäten vorzüglich wohl gezeigt hat . . .‹ (Es folgt ein doppelt so langer Passus bis zum nächsten Punkt)

Nachdem das boshafte Gelächter der ehrfurchtslosen Nachfahren verebbt war, wurde Onkel Gottlob wieder ernst. Er hielt es für erstaunlich, daß die deutsche Beamtenschaft trotz ihrer engen Betrachtungsweise und ihrer mangelnden Beweglichkeit so viel leiste. Aber das ganze Bild würde freundlicher, sagte er, wenn das obrigkeitsstaatliche Denken verschwände, genauer gesagt: der Obrigkeitsstaat als solcher, noch genauer ausgedrückt: die Monarchie.

So weit wollte unser Vater nicht gehen. Er wies auf den württembergischen König hin. In der Tat war dieser allgemein beliebt. Nie mißbrauchte er seine monarchischen Befugnisse, und da ihm die Meinungen seiner Württemberger nicht gleichgültig waren, erschien er des öfteren in einem Stuttgarter Altstadtwirtschäftle, um sich dort mit Bürgern zu unterhalten.

Der Onkel wußte das. Aber wer garantiere dafür, daß des Königs Nachfolger seine Grenzen ebenso beachte? Also wenn schon Monarchie, dann auf jeden Fall eine parlamentarische wie in England! Der andere Wilhelm, der in Berlin, bringe uns ja von einer Verlegenheit in die andere. Dem müßten einfach durch eine Verfassungsänderung die Flügel beschnitten werden.

Jetzt hatte der Onkel unseren Vater erst recht auf seiner Seite. Ganz abgesehen von den Taktlosigkeiten, die er sich leiste: Kaiser Wilhelm stürze uns durch seine prahlerische ›Weltgeltungspolitik‹ in immer neue Krisen. Ob mit Recht oder nicht, man halte ihn draußen für einen gefährlichen Imperialisten.

Onkel Gottlob erwiderte, wenn er gerecht sein wolle, müsse er zugeben, daß die letzten amerikanischen Präsidenten William MacKinley und Theodore Roosevelt extreme Imperialisten gewesen seien. Aber sie hätten

sich das erlauben können, ohne ihr Volk zu gefährden. So sei's eben im Weltgeschehen: Wer könne, der dürfe. Damit leitete er wieder eine ganze Menge Wasser auf unseres Vaters Mühle. Es sei völlig richtig, was der Gottlob da sage. Bismarck habe die Politik als die Kunst des Möglichen bezeichnet und mit seiner Maxime dem jungen Deutschen Reich und Europa nach dem 70er Krieg den Frieden erhalten. Von diesem politischen Grundsatz sei aber Kaiser Wilhelm zu unserem Schaden abgewichen.
So endete jener Samstagabend, wie er begonnen hatte: mit deutsch-amerikanischer Einmütigkeit, wenn auch nur im Familienkreis.

Der nächste Morgen brachte eine willkommene Überraschung. Das Sophiele und die Karoline trafen ein, die kunstsinnigen, bereits erblühten Esslinger Bäsle, die wir immer so gern bei uns hatten. Und mit ihnen kam ihr Bruder Christian.
Mein Vater, sonst immer rasch entschlossen, hatte einst mit seiner Geburt lange Jahre gezögert. Da also seine Schwester Sophie, an ihrem Alter gemessen, fast seine Mutter hätte sein können, entwickelte sich zwischen den beiden ein besonders herzliches Verhältnis. Es wurde noch enger, als Sophie in Esslingen ihren Mann, einen Pfarrer Christian Supper, nach verhältnismäßig kurzer Ehe verloren hatte.
Der Erstgeborene unserer vielgeliebten Tante war für uns Kinder einfach ›der Vetter Christian‹, obwohl mich beinahe dreißig Lebensjahre von ihm trennten.
Den Hut keck in den Nacken geschoben, wanderte er gern und oft über den Schurwald zum Forsthaus nach Hohengehren und später sogar manchmal nach Schorn-

dorf, vor allem in seiner Junggesellenzeit. Ein unerschöpflicher Plauderer war er, voll von farbigen Geschichten und immer zu geistreichen Späßen aufgelegt. Wo Christian war, schien die Sonne.
Beim Besuch in einem Januar schrieb er kurz und bündig ins Gästebuch:

›Das neue Jahr fängt wieder an
mit altem B'such: dem Christian.‹

Zwei Zeilen, in denen die ganze gegenseitige Zuneigung lag.
Aber er konnte seine Gefühle auch noch knapper ausdrücken. Als er, erst kurz verheiratet, seine Frau einmal daheim lassen mußte, verewigte er sich bedauernd mit ›Christian avec ohne‹.
Doch bisweilen freut man sich auch an der Verlegenheit eines Freundes. So geschah es, als Christian einem Bekannten, den er mitgebracht hatte, mit schlauem Lächeln unser Gästebuch hinschob. Der las mit saurer Miene:

›Theo, wie wär's,
waisch du en Vers?‹

Von unseren Eltern wußten wir, daß der Vetter ein hervorragender Beamter der Königlich Württembergischen Staatseisenbahn sei und zudem ein findiger Kopf. Aber wenn ihn mein Vater nach einer Neuerung fragte, die man ihm verdankte, schwächte Christian sein eigenes Verdienst sofort ab: »Ha waisch, Karl, dees machet mir jetz halt so . . .«
Christian gehörte zu den seltenen Menschen, die viel leisten und wenig davon reden.
Auch Onkel Gottlob freute sich über den Besuch der

munteren Verwandten, und weil er noch gut zu Fuß war, einigte man sich mit den wanderlustigen Esslingern auf einen Nachmittagsspaziergang. Die Marschordnung ergab sich von selbst: hinten der Onkel und der Vetter mit den Eltern, davor die beiden Bäsle, von Gretchen und Otto eingerahmt. Die Kleinsten, nämlich Kasper und ich, bildeten die bewegliche Vorhut.

Unser Ziel war eine Schutzhütte, im Buchenforst des hinteren Eichenbachtals versteckt, eine Raststätte für müde Spaziergänger am Fuß der Schurwaldhänge. Wenn man auf der linken Seite des dahinplätschernden Bachs dorthin pilgerte, konnte man sich noch unlängst vor dem Wald an einem kleinen Naturwunder erfreuen. Grundwasser, das aus dem Berghang quoll, war vor etlichen Jahren von geschickten Händen gefaßt und über einen etwa meterhohen Steinblock geleitet worden, von dem es in dünnem Strahl munter und blitzsauber herabsprang. 'O Bandusiaquell – wie Kristall so klar . . .' Dieses Kunstwerk war in eine lauschige Nische eingebettet.

Aber die Zeit war noch erfinderischer gewesen als die menschliche Hand. Im Lauf der Jahre hatte das Wasser den Stein so zurechtgewaschen, daß dieser – o Schande! – die Form eines Popos bekam. Immerhin wurde der Anblick für die Hüter der Moral dadurch erträglicher, daß ein gütiges Geschick die schändliche Erscheinung mit Moos überzog. So konnte man denken, man habe das Hinterteil eines behaarten Tieres vor sich. Kein Wunder, daß schamlose Schorndorfer vom ›Bärenärschlesbrünnele‹ sprachen und dabei unsittlich grinsten.

Auch unsere Eltern freuten sich bisher, sooft sie bei sonntäglichen Spaziergängen dort vorbeikamen, die

Mutter freilich nur ganz verstohlen, damit wir Kinder es nicht merken sollten. Und die Bäsle lachten vor dem Brünnele jedesmal fröhlich und unbefangen.
Es gab jedoch Mitbürger, die meinten, der Ort, an dem wir hinieden wallen, sei von Rechts wegen ein Jammertal. Folglich dürfe man sich auch nicht exzessiv freuen, schon gar nicht an einem Objekt, das unkeusche Gedanken erzeuge.
Leider lieh ihnen das damals noch unverheiratete Stadtoberhaupt ein williges Ohr. Als Vorstand des Verschönerungsvereins stritt sich mein Vater lange mit ihm herum. Aber eines Tages ließ der Herr Stadtschultheiß, ohne ihn vorher zu verständigen, das Naturgewordene mit Zement verstreichen, so daß die animalische Form völlig verschwand. Das Wasser durfte von nun an nicht mehr frei herausstrudeln. Eine gerade, poesielose Eisenröhre reglementierte seinen Lauf.
Als wir an jenem Sonntagnachmittag die Mönchsbrücke hinter uns hatten und uns dem Waldrand näherten, nahm ich Kasper an die Leine. Da hörte ich hinter mir ein bedauerndes »Ach!« der beiden Bäsle. Karoline fragte empört: »Wer hat denn dees Brünnele so greulich verschandelt?«
Enttäuscht standen wir vor dem moralisch aufgerüsteten Brünnele und schnitten Gesichter, als wäre uns ein Festessen entgangen. Und die Esslinger litten mit den Schorndorfern. Nur Kasper zeigte kein Mitgefühl. Er nieste voll Ungeduld und zog an der Leine.
Schließlich räusperte sich Onkel Gottlob und sagte, immerhin entspreche das Brünnele in seiner jetzigen Gestalt eher dem Geist der Zeit.
»B'sonders dees bolzgrade Röhrle«, fügte Christian lachend hinzu. »Dees steht jo richtig stramm.«

11

Meine Eltern waren in der Bismarck-Zeit aufgewachsen. Die Sammlung der Deutschen in einem geschlossenen Reich hielten sie für eine Meisterleistung des großen Kanzlers. Mein Großvater, der Pfarrer Kieser, hatte sogar, obwohl selbst in Wesen und Überzeugung ganz Süddeutscher, die Niederlage des Südens im Jahre 1866 begrüßt.

Die Zeitungen wurden bei uns jeden Tag gründlich gelesen. Vorweg der politische Teil. Auch von meiner Mutter, die vom Geschichtsunterricht der Schule erstaunlich viel behalten hatte.

Natürlich hätten die Eltern gewünscht, daß das mühsam Errungene bewahrt und der Friede erhalten bleibe. Doch der Kaiser gefährdete ihn, wenn auch wider Willen, durch seine verfehlte Außenpolitik und sein großspuriges Auftreten. So empfand wenigstens mein Vater. Er sparte deshalb nicht mit bissigen Bemerkungen. Für den Vetter Christian, der seine Kritik gern mit einem Schuß Humor würzte, war der Monarch einfach ›Bummbumm II.‹

Meine Eltern nahmen es dem Kaiser vor allem übel, daß er keinen ernsthaften Versuch machte, mit Frankreich einen Modus vivendi zu finden. Die Stimmungen und Gefühle meines Vaters waren nach alledem an nationalen Festtagen sehr verschieden.

Am Geburtstag des württembergischen Königs präsentierte er sich gern in seiner Gala-Forstuniform und holte den sonst nie benützten Prunkhirschfänger mit seiner feinziselierten Klinge und einem Griff, der teils aus Elfenbein, teils aus Gold bestand – ein Prachtstück, das 1945 in amerikanische Kriegsgefangenschaft geriet.

Viel weniger Spaß machte ihm dieser festliche Aufzug am Geburtstag des Kaisers.

Doch den 2. September, den alljährlich gefeierten Tag des Sedansfestes, empfand er als richtiges Ärgernis.

Erstens, meinte er, könnten die bramarbasierenden Reden dieses Tages höchstens dazu verleiten, die militärische Stärke Frankreichs zu unterschätzen. Man brauche nur das Generalstabswerk über den 70er Krieg zu lesen. Dann wisse man, daß die Deutschen jeweils nur dann gewonnen hätten, wenn es Moltke gelungen sei, mehr Truppen zur Stelle zu haben als der Gegner. In Wirklichkeit hätten die Franzosen genauso tapfere Soldaten wie die Deutschen.

Zweitens sei es ein Zeichen fehlender Noblesse, über den besiegten Gegner Jahr für Jahr erneut zu triumphieren und ihn auf diese Weise immer wieder zu demütigen.

Drittens endlich verrate es mangelnde politische Einsicht, den eventuellen Gegner durch periodisch wiederkehrende Erinnerung an seine Niederlagen zu reizen.

Das großmäulige Auftreten des Kaisers hatte aber auch die schlichteren Naturen seiner Offiziere angesteckt. Einer dieser gedankenlosen Waffenträger hielt im Jahr der zweiten Marokko-Krise in der Schorndorfer ›Krone‹ beim Festakt der Sedansfeier eine kriegerische Rede und prophezeite in taktloser Weise, man werde eben wieder einmal ›rote Hosen klopfen‹.

Da mein Vater zum Zeichen seines Protestes beim ›Hurra!‹ auf ›unseren obersten Kriegsherrn‹ sitzen blieb, gab's einigen Ärger.

Sein Freund Leibniz, Vater dreier prächtiger Töchter, die schon uns Buben als Inbegriff weiblicher Schönheit erschienen, tröstete ihn nachher. In seiner heiteren Gelassenheit riet ihm der Nachkomme des Philosophen Leibniz lachend, wenn wieder einmal so ein ›Gipskopf‹ derartigen Unsinn verzapfe, solle er ganz schnell dreimal hintereinander ›Götz von Berlichingen‹ denken. Das helfe in jedem Fall.

Es ist sattsam bekannt, daß in dem Jahrzehnt vor Ausbruch des ersten Weltkrieges die Jugend in fast allen europäischen Staaten, die etwas gelten wollten, militärisch erfaßt wurde. Auch die Pfadfinderbewegung wurde von Offizieren ins Leben gerufen, in England von dem General Baden-Powell, in Deutschland von dem Hauptmann Bayer. Das primäre Ziel: dem Schwinden militärischer Tüchtigkeit entgegenzuwirken.

Geeignetes Schrifttum sollte die Jugend geistig und seelisch mobilisieren. Die Schulen verkauften jedes Jahr massenhaft den ›Flotten- und Kolonialkalender‹, ein Heft, das für die Weltgeltungspolitik des Kaisers werben sollte. Da sah man wunderschöne Bilder von Südwestafrika-Kämpfern, die hinter Felsblöcken vor bösen Hereros Deckung suchten. Diese aber wollten sich weder unterwerfen noch zum Christentum bekehren lassen.

Unser Vater goß allerdings kaltes Wasser in das Feuer unserer Begeisterung. Er hatte auch das Generalstabswerk über den Herero-Krieg erworben und bezeichnete es als ›Affenschande‹, daß man diesen tapferen Stamm in die Wüste Kalahari gejagt habe.

Der Unterricht in der Schule stand ganz im Bann einer möglichen Auseinandersetzung der braven Mittelmächte mit der bösen Entente. Die Herausgeber der Schulatlanten versahen die Ringzeichen gewisser europäischer Städte mit einem giftigen Stachelkranz, der sie als Festungen ausweisen sollte. Wir lernten sie alle auswendig. Wir kannten die lothringische Festungslinie genauso gut wie den polnischen Festungsgürtel von Kowno bis Brest-Litowsk.

Landkärtchen zeigten mit knalligen Farben die Bodenschätze an Eisen und Kohle, und in den Erdkundebüchern hieß das Ruhrgebiet ›die Waffenschmiede des Deutschen Reichs‹. Krupp in Essen war der französischen Konkurrenzfirma Schneider in Le Creuzot natürlich weit überlegen, und Tabellen bewiesen, daß man die Engländer bei der Stahlproduktion bereits überrundet habe.

Das unaufhörliche Wachstum der deutschen Kriegsmarine verriet uns wiederum der ›Flotten- und Kolonialkalender‹. Daß aber die einzige Waffe, die uns in einem Krieg hätte Luft schaffen können, in unverantwortlicher Weise vernachlässigt wurde, stand in keinem Unterrichts- oder Informationsbuch. Was bedeutete schon optisch ein winziges U-Boot im Vergleich zu einem ›Großkampfschiff‹, auf dessen Kommandobrücke der oberste Kriegsherr in Admiralsuniform prangte!

Unser gefürchteter Oberprügelmeister Dr. R. setzte alles daran, uns Buben mit kriegerischem Geist zu erfüllen. Die Athener waren in seinen Augen ›nichtsnutzige Schwätzer‹ gewesen. Aufgabe der Erziehung sei es, uns hart zu machen wie die Spartaner oder die Römer der Frühzeit. Bei diesen Völkern habe es noch ›mannhaften Mut‹ und ›unerschrockene Kampfeslust‹ gegeben.

Beim jährlichen Klassenausflug und bei kürzeren ›Ausmärschen‹ ließ er uns mit berechneter Bosheit singen, wenn es bergauf ging. Versuchten wir aber, von verwerflichem Selbsterhaltungstrieb gepackt, zu simulie-

ren, so verhöhnte er uns als Weichlinge, mit denen der Kaiser dereinst nichts anfangen könne. In besondere Begeisterung geriet er jeweils bei einem Lied von ›des Vaterlandes Hochgesang‹ (die Bedeutung dieses Wortes blieb uns rätselhaft), den das ›Waldtal widerhalle‹ (auch wenn wir einen kahlen Berghang hinaufkeuchten).
Den Krieg, behauptete er, empfinde jeder richtige Mann als ein erfrischendes ›Stahlbad‹, und nicht umsonst gebe es einen ›Gott, der Eisen wachsen ließ‹.
Die Franzosen aber könne man leicht überwinden. Denn sie seien ›dekadent‹. Dieses Wort erklärte er uns aus erzieherischen Gründen nicht. Aber es mußte etwas ganz Wüstes sein.

12

Den Krieg sahen unsere Eltern wie ein fast unabwendbares Verhängnis kommen. 1910 prophezeite eine ›Seherin‹, 1911 werde ein trockenes, 1912 ein nasses und 1913 ein blutiges Jahr. Zufällig behielt sie recht. Da aber im Jahr 1913 der Balkankrieg tobte, hofften manche, die Prophezeiung beziehe sich auf ihn. Unser Vater, der nichts von Wahrsagekünsten hielt, hatte die vage Zuversicht, die Nachrichten von den ›Balkangreueln‹ könnten den Staatsmännern der europäischen Großmächte einen heilsamen Schrecken einjagen.
Als dann der große Krieg dennoch kam und England sich unseren Gegnern anschloß, versicherte er, jetzt könne man den Krieg zum mindesten nicht mehr gewinnen. Uns Kindern kamen solche Äußerungen allerdings beinahe defätistisch vor. Denn das Kriegsfieber

hatte auch uns gepackt. Der Krieg brach gerade mit viel Tamtam herein, und die Wogen der Begeisterung überschlugen sich. Dr. R. ließ sich einen Kaiser-Wilhelm-Schnurrbart wachsen mit steil aufgedrehten Spitzen und erzählte uns, der Kaiser sei ja soo ein frommer Mann. Der ›Herr der Heerscharen‹ werde ihm deshalb in seiner unaussprechlichen Güte den Sieg verleihen und seine Feinde ›zu Paaren treiben‹, wie einst ›Josua die Amalekiter gedämpft‹ habe.

Doch auch bei dieser Tragödie fehlte nicht das Satyrspiel. Nur war die Reihenfolge verkehrt: Komische Begleiterscheinungen leiteten das Kriegsgeschehen ein.

Die Furcht vor Spionen verbreitete sich wie eine Epidemie über das Land. Man traute dem Feind von vornherein alle Schurkereien zu. Da man überdies wußte, daß die Franzosen raffiniert intelligente Burschen seien, war man auch davon überzeugt, daß sie schon vor dem Ausbruch der Feindseligkeiten die hinterhältigsten Lauscher über die Lande der harmlosen Deutschen verteilt hatten.

Ein Bauer, der mit seinem Fuhrwerk von Oberberken die Göppinger Steige nach Schorndorf heruntergefahren war, erzählte in einer Wirtschaft, er habe am Waldrand zwei verdächtige Gestalten gesehen, die bei seinem Anblick mit affenartiger Geschwindigkeit im Gebüsch verschwunden seien.

Neun Mannen, schon zu alt, um zum Militär eingezogen zu werden, hörten dem Erzähler andächtig zu und beschlossen, der bedrohten Vaterstadt einen Dienst zu erweisen. Mit mehr als vierfacher Überlegenheit könne man die beiden Spione umzingeln, zur Übergabe nötigen und sie im Wachthäusle neben der Konditorei Schäfer abliefern.

Da man vermutete, daß die beiden Bösewichter gar nicht verborgen geblieben wären, wenn sie Gewehre bei sich hätten, glaubte man, es genüge, wenn jeder rasch nach Hause eile und seinen Albvereinsstock hole. Diese Wanderhelfer hatten unten eine kräftige Eisenspitze. Man konnte ja nicht wissen ... Außerdem sollte jeder ein ordentliches Vesper in die Tasche stecken, weil es sich nicht vorausberechnen ließ, wie lange sich eine derartige Operation hinziehe. Vor der ›Rose‹, also am Anfang der Göppinger Steige, wollte man sich in einer halben Stunde treffen und von dort aus den Vormarsch antreten.

Diese Beratungen hatten zum Teil vor der Wirtschaft stattgefunden. Zufällig kam ich mit meinem Bruder dort vorbei. Daher schnappten wir immerhin so viel auf, daß wir im Bilde waren. Otto, damals siebzehnjährig, hatte sich gegen den Willen der Eltern ebenso wie viele seiner Kameraden vorher freiwillig zum Wehrdienst gemeldet, war aber abgewiesen worden, weil er noch ›zu dünn‹ sei. So suchte er wenigstens hier mitzumachen. Selbstverständlich wollte ich auch dabeisein, weil ich sowieso immer im Kielwasser des älteren Bruders lief.

Wir rannten also nach Hause und bestürmten unseren Vater, er solle uns doch zwei Gewehre mitgeben. Da er aber die Spionenfurcht für eine ›saudomme Hysterie‹ hielt, lachte er nur und wollte uns die Geschichte ausreden. Endlich ließ er sich doch erweichen und gab uns zwei doppelläufige Schrotflinten mit, aber ohne Patronen; denn das wäre gegen die Dienstvorschrift. Die treusorgende Mutter steckte jedem noch ein Brot in die Tasche und rief uns nach: »Passet au auf, daß 'r wieder xond heimkommet!«

Vor der ›Rose‹ wollten uns die neun Wackeren wieder wegschicken. Was sie vorhätten, sei Männersache. Über mich Knirps lachten sie bloß, und einer fragte, wohin denn das große Gewehr mit dem kleinen Wicht wolle. Dem Anführer der Gruppe, der sich einer drolligen, teilweise hochdeutschen Sprache befleißigte, taten wir leid. So erlaubte er uns mitzutrotteln, fügte aber hinzu: »Ihr müßt euch natürlich henten halta!«
Nicht weit hinter der Löwenbrauerei war das letzte Haus. Hier begann also gewissermaßen schon das Feindesland. Darum hielt man den ersten Kriegsrat. Einer meinte, man solle die meist unbewohnte Villa auf dem Frauenkopf durchforschen, in der die Schorndorfer jeunesse dorée ab und zu ihre berüchtigten Nachtfeste feierte. Ein anderer wußte aber, daß die Polizei bereits dort gewesen sei.
Daher befahl der Anführer: »Wir gangen jetzet weiter die Göppinger Steige nauf!«
Aber je mehr man sich dem Wald näherte, desto langsamer wurde der Vormarsch. Vor der letzten Kurve fand der entscheidende Kriegsrat statt. Es fing damit an, daß ein nicht allzu Kampfwilliger erklärte: »I mein, mr könntet die Jonge doch vielleicht braucha. Erschtens hent se a G'wehr, ond zweitens dend die Saukerle do droba dem Kleina« (damit war ich gemeint) »sowieso nix.« Das leuchtete ein.
So kam folgender Operationsplan zustande: Die ›jonge Kerle‹ sollten mit ihren Gewehren bis zum ›Hasensprung‹ vordringen und sich dann quer durch den Wald bis zu dem hübschen Höhenrandwegle durchpirschen. Denn von dort aus könnten die feindlichen Spione das Remstal beobachten. Wenn wir vom ›Hasensprung‹ herkämen, seien wir wahrscheinlich schon hinter diesen

gefährlichen Burschen. Sobald wir sie sähen, müßten wir ein lautes Geschrei erheben. Dann komme uns der Trupp der Männer zu Hilfe und kreise die Spione ein. Wir fanden den bösen Feind jedoch weder beim Hasensprung noch am Randwegle, und als wir zu unserer Ausgangsstellung zurückkehrten, saßen die verhinderten Vaterlandsbeschützer am Straßenrand, hatten die Ohren zurückgelegt und fraßen sich durch ihre Vesperbrote hindurch.
»Ihr hent jo net g'schriea!« hieß es. Der Anführer aber erklärte, die Spione hätten sich sicher bloß tiefer ins Dickicht zurückgezogen. Die Bevölkerung müsse weiterhin wachsam bleiben.

Die ersten Siege wurden gemeldet – und die Niederlage an der Marne. Unser Vetter Fritz Kieser, bis dahin Theologiestudent in Tübingen, fiel in den Vogesen, und eines Tages bewegte sich ein militärischer Kondukt im langsamen Schritt vom Bahnhof den unteren-Marktplatz herauf. Sie spielten den Trauermarsch von Chopin und trugen den Konstantin Eberhard. Und dann fiel der Kurtle und der Geri und der Hans und der Luile und . . . und . . . und . . .
Im alten Friedhof, unter den Ästen bejahrter Bäume, stehen ihre Namen und klagen an.
Bei Siegesnachrichten aus dem Osten flammte ab und zu wieder Begeisterung auf. Aber die wilhelminische Überheblichkeit war tot.
Man hungerte, man half und man hoffte.
Die Brotmarken wurden gedruckt und die Fleischmarken und die Fettmarken und die Zuckermarken. Die Brotrationen, anfangs noch 250 Gramm pro Tag, gingen im Hungerwinter 1916/17 auf 160 Gramm zurück,

und das Mehl wurde mit Kleie und gemahlenen Kohlrüben versetzt.
In der Familie wurde jedem seine Ration täglich auf der Briefwaage zugemessen. Unser Vater kam wohl zwei- oder dreimal in der Woche auf seinen Dienstgängen in eins der Schurwalddörfer. Aber er nahm von den Bauern nichts an. Der Beamte, meinte er, sei in erster Linie dazu verpflichtet, nichts Ungesetzliches zu tun. ›Hamstern‹ war aber verboten.
»Vorher war's anders, jetz isch's halt *so*«, pflegte er zu sagen, und dabei lachte er. Aber es klang nicht froh. Die schwäbischen Brezeln fehlten ihm doch.
Unsere Mutter klagte sowieso nie. Sie rieb höchstens einmal ihr ›Kreuz‹, wenn sie zuviel gearbeitet hatte. Denn ein Dienstmädchen konnten wir uns wegen der Ernährungsschwierigkeiten nicht mehr halten, und Gretchen war zur Berufsausbildung in Stuttgart.
Grund zur Klage, sagte unsere Mutter, hätten wir trotz allem nicht. Jedenfalls seien wir immer noch besser dran als viele Großstädter. Sie hatte recht: Hin und wieder gab's den Aufbruch von einem Reh. Außerdem hatten wir ja Obst aus unseren Gärten, dazu Gemüse und Kartoffeln, wenn auch nicht viel. Und die Träuble und die Stachelbeeren kümmerten sich nicht um den Krieg. Sie wuchsen drauflos wie im Frieden.
Von Anfang an halfen wir in den Ferien bei Bauernfamilien auf dem Schurwald im Heuet und bei der Ernte – besonders Gretchen, sooft sie sich in Stuttgart freimachen konnte.
Über einen Regentag war man zuweilen richtig froh. Denn sonst befreite man sich schon um vier Uhr morgens von den schweren Bauerndecken, und erst um zehn Uhr abends horchte man wieder in seine Matratze

hinein. Aber es waren die einzigen Wochen, in denen wir genug zu essen hatten.
Und wir hofften. Auch als Otto, noch nicht neunzehnjährig, eingezogen wurde. Am Ende jedes Urlaubs hofften wir, ihn wiederzusehen. Wir winkten, bis der Zug entschwand, und unserer Mutter zitterte das Kinn. Doch sie beherrschte sich. Wortlos gingen wir nach Hause. Der Vater verschwand sofort in seiner Kanzlei, und die Mutter vergrub sich in ihre häusliche Arbeit. Aber wenn sie im Heeresbericht von den schweren Kämpfen um Verdun und später in der Champagne las, wurden ihre großen dunklen Augen noch größer.

Als ich mitten im Krieg zum gefürchteten ›Landexamen‹ nach Stuttgart fuhr, wohnte ich wieder einmal bei meinen Freunden, dem Walter und dem Siegfried Bollacher. Das war im dritten Stock eines Hauses in der oberen Hegelstraße.
Das Thema des Prüfungsaufsatzes stellte die Frage, warum ›unsere Helden in der Luft und zur See die *besondere* Bewunderung des deutschen Volkes verdienen‹. Welch eine Nichtachtung der vielgeschundenen Infanteristen! Doch die Ehrfurcht vor der staatlichen Behörde, die dieses Thema ersonnen hatte, gebot, daß wir es ernst nahmen. Wer wundert sich da, daß wir drei Freunde die Helden in der Luft wenigstens einmal *spielen* wollten! Und alsbald ergab sich eine verlockende Gelegenheit. Gerade unter dem Zimmer der beiden Freunde stand im Hinterhof das prächtige Modell eines Schlachtschiffs.
Das war eine lohnende Zielscheibe! Immerhin: Bombenwürfe durften das Schiff keineswegs beschädigen. Aber wie dann? Einer der Freunde fand die Lösung:

Bomben aus Wasser, sagte er, richten keinen Schaden an, und wozu habe der Mensch einen Mund, aus dem er solches herauslassen könne?

Einige Bomben verfehlten ihr Ziel. Aber der vordere Geschützturm war bereits ausgefallen, und auch mittschiffs durften wir einige Treffer verzeichnen. Da ging den Freunden die Munition aus.

So verschwanden sie in die Küche, um dort Salz zu ›schlotzen‹.

Ich aber konnte noch einmal. Eben hatte ich die schwere Bombe ausgeklinkt, da streckte ein Stockwerk tiefer, gerade unter mir, eine junge Frau ihren blonden Kopf zum Fenster heraus. Das war die Rettung für das Schlachtschiff!

Um die Freunde nicht mit schädlichem Wissen zu belasten, stimmte ich bei ihrer Rückkehr aus der Küche ohne aufklärende Worte für ein anderes Spiel.

Doch kurze Zeit darauf erhob sich an der Glastür ein furchtbares Geschrei. Sogleich holte uns die Mutter meiner Freunde und stellte uns zwei Frauen gegenüber: der bombengeschädigten jüngeren, die fast gar nichts sagte, und ihrer Mutter (sie kam mir wie die Wachtel in unserer Kuckucksuhr vor), die unaufhörlich zeterte. Einer dieser ungezogenen Lausbuben habe ihrer Tochter in böser Absicht auf den Kopf gespuckt, und sie selbst habe ›es‹ auswaschen müssen. Das sei ihrer Tochter in ihrer Ehe noch nicht vorgekommen und so weiter ... und so weiter ...

Walter und Siegfried beteuerten mit gutem Gewissen ihre Unschuld, und ich konnte wahrheitsgemäß bestätigen, daß sie's nicht gewesen seien. Als Gast und vielgeprüfter Landexaminand wurde ich selbst mit der Schuldfrage verschont.

So ging die peinliche Affäre aus wie das Hornberger Schießen.
Aber der Schuldbeladene entflieht der gerechten Strafe nicht. Als ich am nächsten Tag die griechische Hinübersetzung geschafft hatte, nahmen mich meine Freunde ins Schwimmbad neben der damaligen Liederhalle mit. Dort beobachtete ich, wie einer vom Geländer der Empore herabsprang.
Was einem imponiert, verführt leicht zur Nachahmung. Als ich aber nach geglücktem Sprung aus dem Wasser stieg, empfing mich der Bademeister, der dort auch die Polizeigewalt ausübte, und verdrosch mich mit dem nassen Handtuch.

Im Herbst 1917 verließ ich die Schorndorfer Lateinschule mit dem Gefühl, daß eine schwere Last von mir genommen war. Unser Oberpräzeptor war immer noch fest davon überzeugt, daß dieser ganze Krieg, ›der unsere Herzen läutere‹, nur eine Zeit der Prüfung sei.
Das Nationalbewußtsein unserer Professoren in Maulbronn und Blaubeuren war grundsätzlich anders. Da hörten wir nichts vom ›Deutschen Gott‹. Da war einfach die Bereitschaft, täglich seine Arbeit zu leisten, auf einen erträglichen Frieden zu hoffen und das Ende hinzunehmen, wie es auch sei.
Eines Tages stand überraschend mein Bruder vor mir in Leutnantsuniform. Ohne daß es Schwierigkeiten gegeben hätte, wurde ich für zwei Tage beurlaubt.
Während wir zum Aalkistensee pilgerten, hing Otto seinen Erinnerungen nach. Der Krieg sei eben doch ganz anders, als man es uns in der Schule erzählt habe, ganz anders auch, als man es in der Heimat lesen könne. Das einzige, was ›diese verfluchte Sauerei‹ tragbar mache,

sei die kameradschaftliche Verbundenheit mit Menschen, die etwas taugen. Er sei glücklich, daß ihn der Zufall beim Fußartillerieregiment 13 mit dem Schorndorfer Reinhold Maier zusammengeführt habe. Einen besseren Kameraden könne man sich kaum vorstellen. Erfrischend rücksichtslos sei seine Kritik an gewissen Zuständen und Persönlichkeiten. Aber nie verlasse ihn sein Humor.

Dann schwammen wir im See hin und her, gleich zu Beginn mehr als einen Kilometer an einem Stück, und ließen uns am Ufer in der Sonne braten wie einst an der Rems, doch kein Kasper vertrieb uns mehr die Bremsen.

Bei der großen Offensive im Frühjahr 1918 lebten die Hoffnungen noch einmal auf, wichen dann aber einer desto schlimmeren Ernüchterung, als die völlige Auszehrung das jähe Ende brachte.

Der Umsturz kam und der Rückzug der deutschen Truppen. Der Stab des Grafen Bothmer blieb einige Tage in Maulbronn im Hotel ›Post‹. In einer Wirtschaft schräg gegenüber tagte der Soldatenrat. Dort erscholl fröhlicher Gesang zur Ziehharmonika-Musik. Ein Lied-Refrain, oft wiederholt, prägte sich ein.

›Dirembleberm, dirembleberm
im Unterrock und Hemd!‹

Das gefiel mir gar nicht, weil der Reim so schlecht war. Im Januar 1919 wählten alle über zwanzig Jahre alten Männer und Frauen eine verfassunggebende Landesversammlung. Die politischen Parteien profilierten sich schärfer, der Graben zwischen konservativen und pro-

gressiven Richtungen wurde tiefer. Bald war auch unser Seminar ein Spiegelbild der inneren Auseinandersetzungen. Das kameradschaftliche Zusammenleben schien einen bedenklichen Riß zu bekommen.
Da rief uns an einem kalten Januarabend unser Theologieprofessor in den Hörsaal. Er freue sich, sagte er, daß uns die Gestaltung unserer politischen Zukunft so tief aufgewühlt und erregt habe. Wir könnten selbstverständlich auch hart miteinander diskutieren. Nie aber dürften wir vergessen, daß wir alle, mit welcher politischen Richtung wir auch sympathisierten, doch zu *einer* Partei gehören wollten: zur Partei der politisch anständigen Menschen.
Und dieses Wort fiel ganz tief in unsere Bubenherzen hinab.
Die in ihrer Höhe sinnlosen Reparationsforderungen der Westmächte verhinderten eine planvolle Neuordnung. Unaufhaltsam zerfiel die Währung. Es würde weitere Hungerjahre geben, und unser Studium konnte voraussichtlich nur durch Nebenarbeit in den Ferien ermöglicht werden. Aber alles mußte sich fügen, wenn wir dieselbe stille Beharrlichkeit und Anpassungsfähigkeit zeigten, die unsere Eltern uns vorlebten.
Einen wertvollen Helfer behielten wir in jedem Fall: den knitzen schwäbischen Humor.

Vieles war in Württemberg anders geworden: Das bisherige Staatsoberhaupt hatte, wie ein witziger Schwabe fand, bloß Wilhelm geheißen, das neue nannte sich Wilhelm Blos.
Aber eines war gleich geblieben: Beide hatten das Herz auf dem rechten Fleck, der Monarch und der Sozialdemokrat.